Ruralité : stop ou encore ?

Ruralité : stop ou encore ?

Emmanuel Faivre
Yves Krattinger

Atlande

Yves KRATTINGER, est actuellement président du conseil départemental de la Haute-Saône depuis 2001. Au cours de ses différents mandats locaux et en tant que sénateur de 2003 à 2014, il s'est spécialisé dans les transports et surtout l'organisation et l'action des collectivités territoriales (rapporteur de plusieurs missions sénatoriales et président du comité de pilotage des États généraux de la démocratie territoriale en 2012 notamment).

Emmanuel FAIVRE est docteur en géographie et en aménagement du territoire de l'université de Franche-Comté. Il est directeur général des services du Département de la Haute-Saône depuis 2012 tout en étant chercheur associé au laboratoire ThéMA-UMR CNRS de Besançon.

La collection *Coup de gueule et engagement* est dirigée par **Philippe Lemarchand.**

Édition : Marie Buffet.

ISBN : 978-2-35030-582-0

SOMMAIRE

Notice : les mots signalés par une * figurent dans le glossaire.

INTRODUCTION

Les derniers épisodes médiatiques, y compris le mouvement des “gilets jaunes”, ont encore été l’occasion de mesurer combien les questionnements relatifs à l’avenir du monde rural sont mal posés. L’idée centrale de cet essai est de mettre en évidence les facteurs fondamentaux qui, anciens ou plus récents, fondent l’état de santé actuel du monde rural et de ne pas se focaliser sur les symptômes – souvent médiatiques et superficiels.

Dès lors, il devient possible d’identifier les bonnes questions à se poser pour **construire un profond changement** d’approche dans les solutions proposées. C’est-à-dire déborder du cadre convenu qui est celui à l’œuvre depuis plus de 20 ans au niveau national.

Cela passe aussi par la démonstration que la France doit prendre véritablement conscience de la richesse de sa ruralité et se doter d’une réelle ambition pour celle-ci. En cas contraire et à la lumière des échecs des politiques menées par l’État depuis très longtemps, le monde rural est **appelé à dépérir** en laissant ses territoires se débrouiller seuls, lassés que sont ses acteurs de devoir innover sans disposer des moyens humains, techniques, organisationnels et financiers indispensables pour relever les défis qui se présentent à eux. Cet effondrement du monde rural fragiliserait également l’unité du pays tout entier, qui pourrait alors être exposé comme d’autres pays d’Europe à de fortes poussées régionalistes traduisant l’érosion des processus de solidarité territoriale.

Respecter le monde rural, c’est aussi se poser la question de son utilité. C’est définir les prérequis obligatoires pour qu’il soit compétitif. C’est aussi ne pas renoncer à peupler le monde rural et à y investir massivement, sans quoi il est condamné. En effet, il n'est pas qu'un coût, qu'une charge, mais il doit être considéré comme un investissement d'avenir pour le pays. **L'État n'a pas fait l'effort de se questionner en ces termes alors même qu'il l'a fait pour les métropoles***. Tout le monde s'accorde à dire qu'il ne faut pas opposer urbain et rural mais l'État, par l'absence de réflexion étayée sur le monde rural, nourrit cette opposition. C'est ainsi que le ressentent de plus en plus les acteurs ruraux.

Notre approche tend aussi à battre en brèche l'idée reçue de la haute administration parisienne selon laquelle les élus locaux dépenseraient sans compter pour des projets pharaoniques ou sans utilité, fausse idée relayée à grand coup de reportages qui montrent des ronds-points inutiles. Cette centaine de hauts fonctionnaires d'État distille ce genre d'idées car ils décrètent être les seuls à savoir ce qui est bon pour le pays. Ce n'est pas notre vision mais pour les convaincre il faut étayer les argumentaires et surtout proposer des évolutions.

Cet essai traduit enfin, au regard de l'action entreprise en Haute-Saône depuis plusieurs années, une **forte volonté** pour le monde rural – basée sur le triptyque RESPONSABILITÉ, EFFICACITÉ, RÉACTIVITÉ –, **bien loin d'un quelconque renoncement** ou d'une vision passéiste et nostalgique. La décentralisation, maintenant ancrée dans notre histoire, permet une telle ambition mais la réussite de cette entreprise passe également par la capacité des acteurs ruraux à se mobiliser et à s'ouvrir davantage, à être accueillants avec les populations extérieures – et pas seulement les touristes –, à innover et à prendre des risques… Nous en avons aussi pleinement conscience.

Une sémantique médicale n'est pas exagérée car la ruralité est malade et en danger. Il y a urgence à réagir en posant les bons diagnostics et en s'assurant que le malade veuille aussi s'en sortir ! Nous en sommes là ! Il y a urgence à apporter un remède énergique au malade, mais non pas en l'anesthésiant pour qu'il ne souffre pas, non pas en mettant en place un acharnement thérapeutique afin de le maintenir en vie coûte que coûte pour la bonne conscience du pouvoir central. Il y a urgence à décréter son absolue utilité pour la cohésion et l'équilibre du collectif national. Il y a urgence à lui appliquer une cure de jouvence pour la régénérer afin qu'elle devienne une ruralité moderne, solide et mature. Il y a urgence à comprendre qu'elle est un des piliers de notre identité collective.

Deux grandes parties structurent notre propos. En premier lieu, un **diagnostic de santé** du monde rural **identifiant quatre pathologies déterminantes** est présenté sans concession. Il demande des traitements sur le **temps long.** Puis, **onze propositions concrètes et opérationnelles mobilisables à court terme pour créer un premier électrochoc** permettant de préparer un changement plus profond.

UN DIAGNOSTIC DE SANTÉ IDENTIFIANT QUATRE PATHOLOGIES DÉTERMINANTES

Il n'est pas question ici de rédiger un énième atlas pour décrire le monde rural. Notre approche se nourrit des travaux antérieurs couplés à une expérience de terrain pour poser un diagnostic clair, sans concession et intégrant la multiplicité et la complexité de différents facteurs puissants. Ainsi, quatre pathologies majeures apparaissent :

- le monde rural a beaucoup de mal à émerger sur les cartes et il est souvent caricaturé par les statistiques ;
- une vision nostalgique de la vie rurale bloque bien souvent son évolution ;
- la ruralité subit de plein fouet l'accroissement des inégalités territoriales mais également sociales ;
- le manque d'ambition de sa jeunesse et ses carences en matière grise le fragilisent.

DE LA NOCIVITÉ DU STÉRÉOTYPE RURAL

La première des quatre pathologies dont souffre le monde rural ne se voit pas sur le terrain ou dans la vraie vie ! Elle réside dans le fait que le monde rural n'apparaît pas dans les représentations et les statistiques nationales que produites en France. Le rural est gommé, mis à côté du cadre, loin des standards dominants comme si le pays en avait honte et que la technocratie ne voulait pas qu'il puisse demander à exister. On exagère ? Du tout, la visite au cœur de la machine statistique et cartographique nationale au service de l'idéologie urbaine dominante le démontre. Une réaction intellectuelle s'impose pour faire valoir des indicateurs alternatifs et ainsi voir réapparaître le monde rural sur les cartes et par-là même sur les agendas politiques.

Les constats

• Le rural "mis à la poubelle" par l'approche statistique française dominante

Le dernier recensement démographique de l'INSEE* livré fin 2018 est clair et confirme sans appel la trame de fond : si la croissance nationale s'élève à + 0,4 % par an entre 2011 et 2016, ce sont les métropoles qui en profitent fortement et les petites villes et villes moyennes qui souffrent. Montpellier (1,7 %), Bordeaux (1,5 %), Nantes (1,4 %), Toulouse (1,4 %), Rennes (1,2 %), Lyon (1,1 %)… trônent en haut du hit-parade quand la Nièvre (- 0,9 %), les Ardennes et l'Indre (- 0,6 %), la Creuse et la Haute-Marne (- 0,5 %) sont en fin de classement. L'INSEE enfonce même le clou en précisant que "la croissance démographique nationale stagne et risque de se confirmer à l'avenir avec pour conséquence une perte d'attractivité accentuée pour les villes moyennes et les espaces ruraux". Et pourtant, la réalité est-elle aussi simple et brutale que cela? Gérard-François Dumont fut l'un des premiers à s'interroger en montrant **que les outils statistiques utilisés par l'INSEE, comme "unité urbaine" et "aire urbaine", donnent à penser que l'avenir n'est que dans les villes.** Utiliser la désignation "aire urbaine" conduit par exemple à penser et à faire penser que seuls 25 % des Français seraient des ruraux voire même parfois que 80 à 90 % des Français sont sous influence urbaine. Dès lors, une ville comme Boussac, dans la Creuse, qui compte 2200 habitants, est considérée comme étant habitée par des urbains ! Il en va de même pour Rioz, en Haute-Saône, avec 2300 habitants. Or, ces habitants considèrent qu'ils se rendent en ville lorsqu'ils vont à Besançon ou à Vesoul mais aucunement qu'ils vivent "en ville" !

La règle statistique utilisée par l'INSEE, qui revient à considérer que 2000 habitants agglomérés au chef-lieu d'un secteur rural forment un espace urbain, ne correspond pas du tout au vécu de ses habitants et aux problématiques de vie qui en découlent. Ces derniers vivent en réalité dans un espace à morphologie rurale, ce qui est, de fait, gommé. La création en 1990 des zonages en aires urbaines par l'INSEE participe à la même logique d'uniformisation statistique.

Ce zonage est issu d'une méthode de calcul qui consiste à compiler, selon la définition donnée par l'INSEE, "un ensemble de communes, d'un seul tenant et sans enclave, constitué par un pôle urbain (unité urbaine) de plus de 10 000 emplois, et par des communes rurales et unités urbaines (couronne périurbaine) dont au moins 40 % de la population résidente ayant un emploi travaille dans le pôle ou dans des communes attirées par celui-ci". Cela revient donc à considérer comme urbaines toutes les communes situées parfois à plusieurs dizaines de kilomètres d'un grand pôle urbain dès lors que 40 % de ses actifs y travaillent.

Se pose alors la question de ces fameux 40 % ! Pourquoi 40 % et pas 20 %, 30 %, 50 % ou 60 % ? Aucune explication n'est fournie ! C'est un exemple parmi tant d'autres qui confirme que **la France a retenu une définition statistique extensive de la ville qui, de ce fait, exclut notamment le plus grand nombre des bourgs ruraux des statistiques rurales.**

Pourquoi cette approche est-elle dangereuse pour le monde rural ? Parce que les différentes cartes et analyses assises sur ces définitions sont largement relayées par les médias. Elles fondent aussi les démarches de planification nationale et régionale. Elles ont **surtout pour effet de laisser croire que la France est exclusivement structurée par sa dimension urbaine.**

Les cartes sont imparables. Pire, les statistiques démographiques ou de créations d'emploi... sont structurées par ces zonages "biaisés" par nature, avec des résultats terribles pour le monde rural.

Gérard-François Dumont démontre pourtant dans plusieurs articles récents qu'en prenant en compte des zonages différents mais fidèles aux réalités, le mode rural a créé plus d'emplois que le monde urbain ces dernières années ! Même l'INSEE a reconnu en 2015 dans le document *Insee Méthodes n° 129* que l'approche en zonage du type "unités urbaines" conduit à "surestimer le territoire et la population urbaine".

Tout cela ne serait pas trop grave si ces outils statistiques ne demeuraient qu'une querelle d'experts mais ce n'est pas le cas. Ils viennent à l'appui d'une idéologie dominante qui a des conséquences très négatives pour le monde rural, tout simplement car ils justifient, à grand renfort d'indicateurs statistiques ou de zonages d'intervention institutionnelle, économique et financière plus robustes et savants les uns que les autres, des décisions qui accroissent fortement les inégalités territoriales (nous y reviendrons).

Ce n'est d'ailleurs pas un hasard si un certain nombre d'élus et associations au niveau européen, comme l'association internationale Ruralité-Environnement-Développement (RED) et le

Mouvement européen de la ruralité (MER), se sont battus pour que les chiffres alternatifs sortent au niveau de la commission européenne au moment de la négociation budgétaire à venir. Dès 2005, une nouvelle nomenclature remettant en cause l'approche INSEE a été élaborée par EUROSTAT*.

Ainsi, EUROSTAT a refondé un certain nombre d'indicateurs statistiques, notamment en se basant sur la maille géographique communale, pour gagner en finesse d'analyse. Le résultat est éloquent et en grosse contradiction avec l'approche INSEE nationale car il apparaît selon EUROSTAT que 91 % du territoire européen est rural et que 56 % de la population européenne vit dans des espaces à dominante rurale, qui comptent 55 % de l'emploi européen !

On voit bien dès lors que les statistiques INSEE sont notoirement insuffisantes pour approcher les enjeux du monde rural. Plus grave encore, l'INSEE ne parle même plus de monde rural mais plutôt de "communes isolées en dehors des pôles" !!! Cela revient clairement à mettre le monde rural à la poubelle !

• Une représentation tronquée du monde rural, au service d'une idéologie urbaine dominante

L'étudiant en géographie sait, dès la fin de sa première année universitaire, que toute représentation géographique est politique (cartes, zonages...). Les cartes de l'INSEE sont statistiquement justes ou plutôt elles ne sont pas fausses mais elles traduisent un regard, un parti pris, même si l'INSEE prend toujours le soin de présenter sa méthodologie. Ses cartes aux couleurs attrayantes, avec des chiffres qui **transmettent une idée de vide dans l'opinion publique, structurent la pensée politique.**

Le géographe Christophe Guilluy montre très bien comment le rural disparaît progressivement dans toutes les représentations INSEE. Ce message d'effacement de la ruralité est passé quotidiennement aux Français et il a préparé le terrain médiatique dans lequel ont été élaborées les dernières lois territoriales.

Le concept de la “France périphérique” de C. Guilluy met en lumière une réalité beaucoup plus nuancée, avec 60 % des Français qui vivent dans ces espaces (pas seulement ruraux d’ailleurs) qui bien souvent concentrent les fragilités sociales. Mais les politiques publiques se structurent essentiellement autour des métropoles ! Ce constat doit collectivement nous interroger.

Quand C. Guilluy mentionne, dans des travaux qu’il a livrés au commissariat général de la stratégie et à la prospective en 2013-2014, que 60 % des enfants des catégories populaires vivent dans les espaces ruraux et les petites villes, on est en droit de se questionner sur la réponse apportée par l’État à ce constat gommé dans les cartes de l’INSEE ! C’est en ce sens que la représentation statistique et cartographique du monde rural est un enjeu fort car depuis de très nombreuses années elle le dessert. De ce point de vue, les cartes des résultats électoraux sur les dix dernières années sont bien plus parlantes et révèlent l’existence d’un monde rural au sein d’une France périphérique, hors métropoles. Ces cartes mettent en lumière une forme de désaffiliation par rapport aux grands partis et les tendances à l’abstention ou au vote contestataire. Elles ne sont pas issues de zonages INSEE technocratiques au service d’une idéologie urbaine dominante mais relatent simplement des résultats électoraux dont la maille de représentation est communale. On a bien vu que le vote en faveur de Mme Le Pen au deuxième tour de l’élection présidentielle de 2017 était d’abord rural et cantonné dans les anciens bassins industriels ! C’est la dernière manifestation électorale du monde rural. Ces cartes en disent davantage sur plus de la moitié des Français et trois quarts des territoires que les cartes INSEE qui fondent les décisions nationales.

Et quelle a été la réponse apportée par l’État durant les dix dernières années ? La création des métropoles et des grandes régions et, dans un premier temps, l’idée de supprimer les départements ! Les cartes INSEE ont donc gagné contre les cartes des résultats électoraux et le concept de France périphérique !

Quelle absence d'imagination ! En 2009-2010 sont réapparues dans le débat les métropoles – vocable apparu en 1964 avec les huit métropoles d'équilibre pour tenter d'apporter une réponse au déséquilibre évoqué dans l'ouvrage de Jean-François Gravier (*Paris et le désert français*, 1947). Sous l'égide de la DIACT (Délégation interministérielle à l'aménagement du territoire et à l'attractivité régionale), ex-DATAR, la technostructure a prolongé son cheminement intellectuel au début des années 2000 pour que la métropole devienne "un outil prescriptif autour d'une équation simple voir simpliste. Si elles sont le lieu du pouvoir à l'heure de la mondialisation économique alors il faut être une métropole pour peser dans le jeu" (Arnaud Duranthon, 2018).

Ce discours pro-métropolitain se base sur un nouveau paradigme marqué par le néolibéralisme et par la logique de gouvernance par les nombres, par des représentations uniquement "calculées" laissant ainsi le champ libre à l'expert technocratique. Elles ont de la sorte vampirisé le discours politique. Le processus de métropolisation dans le monde ne doit pas être contesté mais le problème vient du fait qu'il est devenu une idéologie qui confère à la métropole, à partir du moment où on décrète son statut, une chance supplémentaire pour exister dans la compétition mondiale. En creux, cela sous-entend aussi que les autres territoires n'ont plus voix au chapitre. Cela revient enfin à considérer, comme le souligne Gérard-François Dumont, que tous les territoires ne peuvent être créatifs, qu'il existerait un optimum territorial (la métropole) : en dehors de ce modèle, point d'avenir ! Mais des doutes commencent à émerger. Ainsi, une note de 2018 du Commissariat général à l'égalité des territoires, issue des travaux de l'université de Nanterre et du CNRS, analyse le lien entre treize métropoles françaises et leurs territoires environnants à travers la dynamique de l'emploi. Ce travail conclut que toutes les métropoles ne réussissent pas à irriguer l'ensemble de leurs territoires environnants. Il n'y a par exemple pas ou peu d'entraînement économique de la métropole sur ses territoires qui l'entourent à Toulouse, Lille, Montpellier et

Strasbourg. Pire, les auteurs soulignent des “débordements défavorables” au sens où la métropole fragiliserait les territoires environnants, comme à Rouen ou Brest par exemple. Certes, des métropoles comme Bordeaux, Lyon, Nantes, Marseille semblent faire partiellement profiter leur périphérie de leur dynamisme, mais cette première analyse montre combien il est dangereux d'en faire le modèle dominant pour l'ensemble du pays. Le mouvement des “gilets jaunes” initié fin 2018 est aussi une forme de réponse que les cartes INSEE n'avaient pas identifiée, malgré la couleur criante choisie par ce mouvement !!!

• Le rural n'est pas un bloc monochrome et uniquement statistique !

S'il apparaît que les typologies INSEE sont fortement critiquables, il est vrai aussi que le monde rural est complexe à photographier ou à faire entrer dans des cases bien définies. Ce que l'on appelle la ruralité n'est pas un bloc, un type bien défini dans une typologie territoriale simpliste. La composition démographique, sociale et culturelle de sa population n'est pas monochrome. Le rural compte plusieurs réalités territoriales qui poussent davantage à rechercher des traits communs au sein de nombreuses monographies, plutôt qu'à essayer de définir une typologie statistique avec des nuances.

Cela revient à accepter une forme de complexité qui peut troubler le commentateur cherchant à synthétiser, voire le pousser à aller trop vite, mais elle ne paralyse pas l'acteur, celui qui agit pour le développement du monde rural.

Dès lors, il est très intéressant de relever **des traits de caractère** du monde rural qui sortent des lieux communs et qui permettent de ne pas tomber dans une guerre statistique stérile. Cette approche en nuances fait évoluer nos modes de représentation y compris en intégrant un fort degré de modestie dans nos tentatives de le modéliser. En effet, quoi de commun entre les territoires ruraux situés sur un littoral touristique, en montagne, au milieu de vastes espaces agricoles ou encore dans une vallée industrielle !

Un des traits les plus marquants et finalement méconnu du grand public, du fait notamment de la déformation des zonages INSEE, est que l'exode rural s'est atténué à la fin des années 1970 avant de s'inverser nettement au début des années 2000. Même l'INSEE, dans son travail prospectif "la population des régions en 2040" (2010), souligne une attractivité des zones rurales entre 1999 et 2004 qui devrait perdurer à l'horizon 2040 ; cependant, depuis, la crise est passée par là et a freiné cette perspective.

Le rapport de 2010 mentionnait que "dans tous les scénarios, la croissance démographique devrait être proche dans les régions rurales du centre de la France (Auvergne, Limousin), en Île de France, en Alsace et en Franche-Comté : selon le scénario central, la population y augmenterait de 8 à 10 %". Les dernières analyses (crise de 2007-2011) tempèrent légèrement cette vision prospective mais la tendance de fond est là ! À l'inverse de l'imagerie populaire, il s'agit aussi d'une population jeune : dès 1999, plus d'un Français sur deux âgé de 15 à 24 ans vivait dans les espaces ruraux ("Les campagnes et leurs villes", INSSE, dont Yves Turgault fait le compte rendu dans *Population,* n° 53 en 1998). **Croissance démographique, jeunesse**... et il faut aussi garder à l'esprit la forte aspiration des Français à vivre dans le monde rural. De façon récurrente, les enquêtes d'opinion font ressortir qu'une grande majorité de Français aspirent à habiter à la campagne, la dernière en date étant celle de l'IFOP en octobre 2018 qui concluait que pour 81 % des Français vivre à la campagne est un idéal !

Autre trait de caractère, la France rurale c'est d'abord parfois plus de 30 % d'ouvriers. Penser rural n'est pas penser uniquement agricole ! Certes, les territoires ruraux de l'Est et du Nord de la France sont davantage industriels que ceux du Sud-Ouest. Il existe donc des différences mais il est toujours intéressant de constater que lorsqu'un nouveau préfet arrive en

Haute-Saône il est bluffé les premiers mois par le caractère **industriel, productif et exportateur de ce département**. En effet, la Haute-Saône est exportatrice au niveau mondial et affiche une balance* commerciale excédentaire (sur les douze derniers mois connus – quatrième trimestre 2017 et les trois premiers trimestres de 2018 –, la balance commerciale est excédentaire de 375 millions d'euros avec 1,827 milliard d'exportations).

Quelle satisfaction, si le pays était sur les mêmes standards que la balance commerciale de la Haute-Saône ! Mais cela n'apparaît quasiment jamais sur les cartes INSEE ou dans les médias. Les habitants eux-mêmes n'en ont pas vraiment conscience puisque les médias n'en parlent pas. Pourtant, ce serait tellement important pour leur fierté, pour la prise de conscience du potentiel de leurs entreprises dans la bataille de la mondialisation ! Dans cette vision ouverte sur le monde, comment ne pas souligner aussi que le patrimoine naturel, architectural et culturel, vecteur d'identités fortes du monde rural, est très favorable au développement touristique. De nombreuses études soulignent que le tourisme rural gagne régulièrement des parts de marché au sein de la première destination touristique du monde ! Ainsi, les nuitées passées dans tous les types d'hébergements ruraux ont augmenté de près de 4 % en 2017, soit légèrement moins que dans les grandes villes mais ce taux d'évolution significatif montre que le tourisme rural est dynamique surtout à destination de la clientèle étrangère !

Des traits de caractère plus négatifs sont aussi présents mais paradoxalement ils sont plus souvent mis en avant médiatiquement et par la pensée politique urbaine dominante : faible densité, vieillissement, paupérisation, départ des jeunes diplômés, enclavement numérique ou éloignement de certains services. Ces caractéristiques sont réelles mais, comme pour la croissance démographique, elles ne concernent pas toutes les zones rurales et pas partout avec la même intensité. D'ailleurs, elles constituent davantage des défis que des poids qui lesteraient définitivement un avenir positif.

• La relation ville/campagne : sortir des oppositions simplificatrices

Pour ne pas rester dans un constat simplificateur et superficiel, il convient dans un premier temps de replonger dans l'histoire de cette vieille question des relations ville/campagne. Comme le souligne l'historienne et géographe Nicole Mathieu (2003, 2017), "reconnaître l'historicité de cette relation permet de sortir du regard dominant d'une époque, en la relativisant et de cerner de façon plus pertinente à la fois le présent et le futur." On touche là à une question éminemment politique qui mobilise le champ des représentations sociales et leurs évolutions dans le temps, des idéologies qui s'affrontent pour asseoir leur domination. Car, oui, la relation ville/campagne n'est pas linéaire. Elle a beaucoup évolué et finalement structuré les politiques publiques censées développer, aménager et/ou protéger le monde rural depuis un demi-siècle.

Nicole Mathieu tente une analyse rétrospective de la relation ville/campagne, réelle ou supposée, fort éclairante sur la situation actuelle. Nous pouvons la schématiser ainsi :

- années 1950 : relation contradictoire et antagoniste avec une forte distinction entre la ville qui est un milieu technique et la campagne réduite à la nature et à l'activité agricole traditionnelle ; position neutre politiquement malgré la sortie de l'ouvrage *Paris et le désert français* ;

- années 1960 : première urbanisation des campagnes (absorption-intégration) qui initie la perte de la spécificité rurale via l'extension du mode de vie urbain ; position politique pro-urbaine (urbain = progrès ; rural = archaïsme, exode, sous-développement) ;

- années 1970 : contradiction forte entre un urbain en crise et un rural néo-nature dont la nouvelle fonction est de fournir des espaces verts aux urbains ; quelques administrations s'intéressent au développement rural ;

- années 1980 : contradiction faible entre urbain et rural, un exode urbain et une périurbanisation qui nourrissent une disparition lente et discrète du rural toujours perçu comme local et nature ; la position politique dominante consiste à tirer parti au maximum de la politique européenne agricole et émergence timide de la notion de développement local ;

- années 1990 : retour à une relation contradictoire : "oser le désert plutôt que l'étalement", même si émergent l'idée de solidarité ville-campagne, des politiques de paysage, des espaces naturels sensibles pour les campagnes.

Au début des années 2000, la sphère politico-administrative maintient un modèle de complémentarité ville-campagne nourri par les étapes précédentes, avec une vision d'un "rural sous influence". Force est de constater que presque vingt ans plus tard, cette vision est encore dominante alors même que la société civile a porté quelques initiatives avec une vision plus égalitaire dans la complémentarité ville-campagne et que la nature a pénétré l'écosystème urbain (îlots de verdure, approvisionnement en eau, traitement de l'air...).

Quelques collectifs scientifiques et politiques ont tenté des expérimentations sur des contrats de réciprocité ville-campagne. Cette complémentarité ville-campagne équilibrée est surtout l'apanage d'individus en recherche politique et/ou idéologique pour pratiquer différemment les lieux urbains et ruraux dans une optique durable. De son côté, **la puissance publique tant au plan administratif que politique est restée dans cette vision du début des années 2000 d'un "rural sous influence"**. On peut penser que les prochains défis climatiques et migratoires seront de nature à modifier dans l'urgence les complémentarités ville-campagne dans les années qui viennent. Il serait bon de ne pas attendre cette urgence pour réellement réinterroger ce lien.

L'analyse économique n'est pas en reste pour structurer et orienter une vision simplificatrice unique du couple ville-campagne. Nombre de théories spatiales (issues notamment des travaux de Paul Krugman, Prix Nobel d'économie en 2008) ont développé des analyses centre-périphérie qui ont été transférées à la problématique posée par le couple ville-campagne. Sans entrer dans les détails, Paul Krugman démontre que pour diverses raisons l'activité économique se concentre sur un nombre limité de lieux qui sont attractifs.

Les activités économiques (notamment industrielles) se localisent dans un lieu après un arbitrage entre les économies d'échelle qui favorisent la concentration et les coûts de transport qui favorisent la dispersion. Chaque activité cherche à desservir son marché en minimisant ses coûts de transport via un processus circulaire d'où une tendance à la concentration spatiale : je me localise là où la demande est la plus massive. Cette théorie a fait ses preuves même si elle est parfois discutée (c'est le jeu de la recherche scientifique) mais le plus ennuyeux est qu'elle a impacté la vision politico-administrative française au sujet du couple ville-campagne.

Sur cette base, Gérard-François Dumont montre bien que d'un point de vue quantitatif, **la campagne ne peut être considérée que comme un résidu économique et démographique**. Sur un point de vue plus quantitatif, les territoires s'organiseraient systématiquement et uniquement de façon hiérarchique selon **un centre urbain dominateur et une périphérie dominée** (on retombe sur la vision d'un “rural sous influence”).

Le centre, par sa position privilégiée et sa concentration économique, culturelle, démographique… serait “le maître et le régulateur des territoires situés à sa périphérie. Ces derniers exclusivement en situation de dépendance, n'auraient donc d'autre choix que de chercher à bénéficier des seuls phares d'attractivité que seraient des grandes villes” (Dumont, 2012). Avouons que la perspective est peu réjouissante et absolument pas responsabilisante pour les acteurs ruraux ! D'autant plus que de multiples exemples montrent que de nombreuses innovations économiques, culturelles… au sein des territoires périphériques (au titre de la théorie économique ou des zonages INSEE) ne doivent absolument pas leur réussite à un quelconque centre urbain ! Ces cas pratiques mettent en lumière l'existence de constructions territoriales de nature réticulaire (entre de multiples lieux sans hiérarchie prédéfinie) et non uniquement de nature radiale entre un centre et une périphérie asservie.

Les lois territoriales 2000-2018 se fondent quasiment toutes sur ce postulat d'un rural sous influence et d'un centre urbain qui doit sans cesse concentrer moyens financiers, fiscaux, infrastructurels, d'ingénierie... Les pouvoirs publics, surtout l'État, doivent revoir leur logiciel pour ne pas enfermer le rural dans un stéréotype statistique et réglementaire désuet et déconnecté des réalités et ainsi comprendre que le développement et l'innovation sont possibles dans tous les territoires avec pour principe fondateur, nous y reviendrons, une égalité réelle et non une égalité formelle.

La preuve par un exemple : "Les mots des nouvelles ruralités"

Une approche novatrice et récente mérite un focus appuyé afin de prouver par l'exemple que les différentes définitions et représentations statistiques dominantes ne traduisent pas la réalité et vont même à l'encontre des attentes des Français. Il s'agit du travail mené au sein du mouvement des "Nouvelles ruralités" à l'initiative d'une trentaine de départements, dont la Haute-Saône, et confié à l'Institut Médiascopie : "Les mots des nouvelles ruralités" (2014).

Il ne s'agit pas d'un sondage s'intéressant à l'opinion qui par nature est volatile. Il se focalise **sur les représentations des Français via les mots qui mobilisent leur champ de représentation.** Les mots permettent de capter les représentations sensibles et plus ou moins profondes des individus. Ils mettent aussi en mouvement la population parce que le mot est le début du passage à l'acte. Ainsi, 805 personnes "représentatives" (402 personnes habitant dans une commune rurale et

403 personnes habitant dans une métropole) ont eu à exprimer en ligne leur représentation pour chacun des 186 mots décrivant le rural, qui avaient été sélectionnés au préalable à partir de publications d'experts et de déclarations d'élus ou de professionnels.

Pour chacun des 186 mots, la personne est appelée à exprimer sa représentation sur deux plans en notant sur une échelle de 0 (très négatif) à 10 (très positif) :

1/ son ressenti général sur le mot (par exemple, pour le mot "tourisme rural", une note de 8 soulignerait une représentation très positive de la personne sur ce thème) ;

2/ son avis sur l'importance ou non que les pouvoirs publics en fassent une priorité (par exemple, pour le mot "tourisme rural", une note de 1 voudrait dire que la personne ne pense pas que le tourisme soit une priorité d'action des pouvoirs publics pour l'avenir du rural).

Au final, les 186 mots ont chacun deux notes moyennes qui les situent sur un graphique, lequel permet de tirer des enseignements assez forts en termes de tendances :

- La ruralité est globalement très bien perçue et ressentie par les personnes interrogées : 160 des 186 mots tests sont au-dessus de 5/10 dans le jugement positif/négatif et quasiment à chaque fois l'intervention des pouvoirs publics est jugée comme prioritaire sur des sujets jugés positivement : santé, qualité de vie, produire local... Ce jugement positif global est aussi partagé tant par les ruraux que par les habitants des métropoles : autrement dit, **les sujets qui font la ruralité plaisent aux Français et les pouvoirs publics sont invités à s'y intéresser** !

- La **définition du rural pour les personnes interrogées a changé** : elles sentent que nous sommes passés du monde ancestral paysan à un rural en connexion avec la ville mais qui doit être protégé et valorisé en contre-pied des métropoles, perçues plus négativement comme froides, lointaines, abstraites.

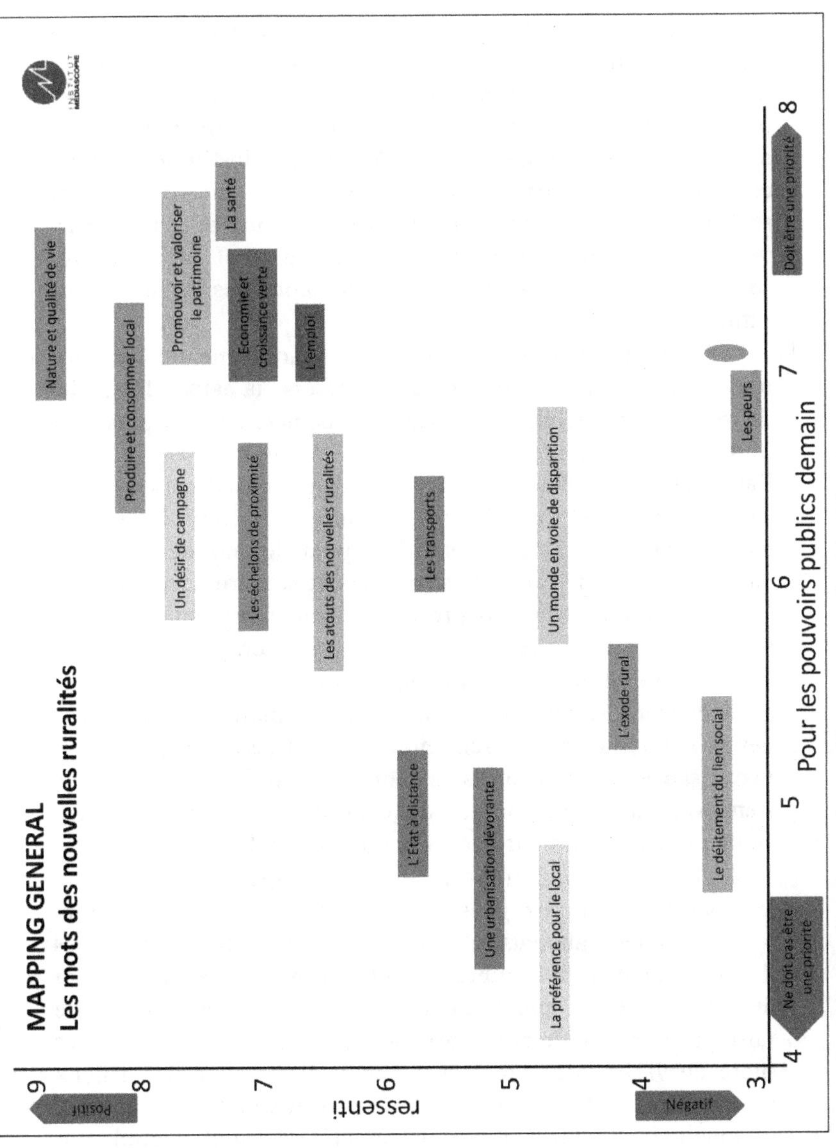

Représentation graphique simplifiée
des mots des nouvelles ruralités (mediascopie.fr)

- Une opportunité apparaît en pleine lumière et à travers plusieurs thèmes, il s'agit du **retour en grâce du local** ! Il y a même un amalgame entre rural et local. Il est plébiscité dans plusieurs domaines : produire et manger local, travailler local, défendre le patrimoine local... Même les institutions (État, collectivités locales...) souvent décriées en ce moment retrouvent un jugement positif pour les communes et les départements comme échelons de référence du rural car ils représentent un ancrage rassurant dans le processus de mondialisation.

- Des représentations positives font unanimement consensus, traduisant ainsi **des atouts, voire des valeurs : la nature, la qualité de vie, le lien social, les relations humaines...** Ces représentations de la ruralité sont également à mettre en lien avec l'approche politique nationale qui, depuis des décennies, met surtout en avant des chiffres : réduire le déficit budgétaire national annuel à 3 %, baisser d'un point le taux de chômage, gagner un point de PIB... Les Français ne se retrouvent pas dans cette sémantique. Au plus profond de leur représentation de la ruralité, ils rejettent ce discours froid et mécanique.

- Des représentations plus négatives font également l'objet d'un consensus, identifiant **un certain nombre de handicaps : désertification médicale, fermeture des commerces de proximité, insuffisance des transports en commun, difficultés d'accès à l'emploi, chômage** (d'où une demande forte d'insertion professionnelle des jeunes adressée aux pouvoirs publics)...

- Une **contradiction** essentielle apparaît également : les personnes interrogées souhaitent une **redynamisation**, y compris les habitants ruraux (note globale 6/10), **mais ces derniers émettent de nombreuses réticences quant à un risque de dénaturation et de transformation** de la ruralité, qui pourrait se faire par l'arrivée de nouveaux habitants notamment des jeunes (note de 7/10). Mais en même temps, ils se montrent frileux devant l'installation de citadins, de néo-ruraux ou d'étrangers ; on touche ici du doigt un trait de caractère du rural, central pour son avenir : il doit s'ouvrir à l'autre au lieu de se replier sur un "entre-soi". Le discours des maires ruraux est parfois ambigu sur ce point, estimant qu'il faut valoriser et moderniser la campagne, mais pas trop car il ne faudrait pas qu'elle soit envahie par des hordes de nouveaux habitants et qu'elle se trouve ainsi dénaturée et détruite ! Ce constat demande un travail pédagogique fort qui englobe aussi la juste mesure du développement durable pour le rural.

- La ruralité devrait être le lieu pour **expérimenter** (l'idée de "laboratoires de la démocratie locale et participative" est bien perçue) avec la perspective de trouver un équilibre entre l'urbain et le rural (note globale de 6,5/10).

On perçoit bien à travers cet exemple, ou plutôt ce contre-exemple, que les représentations dominantes techno-administratives et statistiques ne sont pas du tout en phase avec les représentations des Français. Ce qui interpelle surtout est le constat que pour les Français le rural apparaît comme un potentiel, certes avec des défis à relever, tandis que du côté de l'idéologie technocratique dominante il est davantage perçu comme une charge ! Et si on essayait de prendre une troisième voie féconde pour son avenir ?

Orientation stratégique : développer des indicateurs alternatifs et faire réapparaître le rural sur les cartes !

La critique émise précédemment sur les approches statistiques INSEE n'est pas suffisante, il convient aussi de proposer une alternative visant à mieux approcher le monde rural, sans le caricaturer. Dès lors, les indicateurs à développer ne doivent pas être purement statiques mais doivent permettre d'identifier et de formaliser des caractéristiques spécifiques – dont nous avons vu qu'ils sont loin des lieux communs – et des tendances, invitant à préparer l'action.

Cela revient aussi et surtout à considérer que le monde rural porte en lui une énergie et un génie propres à mobiliser, pour déboucher sur des initiatives, des anticipations, des innovations en lien avec les enjeux qui se dessinent. Cette conception est en phase avec l'approche défendue par l'agenda rural européen à l'horizon 2020. Nous **ouvrons donc ici un chantier de construction d'indicateurs alternatifs traduisant mieux la richesse et les apports du monde rural à la compétitivité globale et durable du pays, pour aussi rééquilibrer le débat avec le "tout métropole"**. Cette refondation des indicateurs passe par une approche à trois niveaux : déconstruire, mettre en lumière les richesses, préparer l'action.

• Des indicateurs qui déconstruisent des caricatures statistiques du monde rural

Afin de ne pas enfermer le rural dans des représentations statistiques et cartographiques orientées, voire même le faire s'évaporer, il convient de **développer une batterie d'indicateurs rigoureux qui permettent d'abord de déconstruire l'idéologie dominante pro-urbaine.**

La partie n'est pas gagnée pour faire réapparaître le monde rural sur les cartes et les graphiques de nos grands quotidiens, notamment régionaux, qui sont encore pour le grand public un vecteur de communication important en milieu rural. Il faut faire cet effort. À ce titre, même s'il ne s'agit pas de l'unique approche, le travail de Christophe Guilluy sur les fragilités sociales est assez exemplaire de la méthode à poursuivre.

Ce dernier est parti du constat que la majorité des catégories populaires vivent sur les territoires qui ne créent pas ou peu de richesse au titre du PIB. Bien que cet indicateur ne dise pas tout, il est très largement utilisé par les pro-urbains.

Il existe pourtant un autre indicateur que les cartes issues des traitements statistiques INSEE ne laissent pas vraiment apparaître mais que C. Guilluy a su déceler : celui des fragilités sociales. Cela permet de ne pas s'enfermer dans un seul sujet (pauvreté, chômage…) mais d'élargir le spectre de l'indicateur en compilant le taux de chômage, le taux d'emploi à temps partiel, le taux de propriétaires occupants modestes, le taux de familles monoparentales…

Cet indicateur synthétique est certes contestable, comme tout indicateur, mais il est dynamique et provient d'une construction méthodique. Comme par enchantement, les cartes issues de cet indicateur des fragilités sociales font apparaître un distinguo fort entre la France métropolitaine et la France rurale ou, plus globalement, la "France périphérique" théorisée par C. Guilluy dans son essai sous-titré *Comment on a sacrifié les classes populaires* (2014) et qui regroupe 60 % de la population. On s'aperçoit que la majorité des Français vivent dans les territoires les plus fragiles économiquement et socialement.

C'est d'ailleurs de ces derniers que partent les radicalités récentes : vote extrême, abstention massive, mouvements sociaux comme les "bonnets rouges" en Bretagne de l'intérieur – ce ne sont pas les centres-villes de Nantes ou Rennes qui alimentent ces pulsions sociales. On comprend mieux alors le grand malaise sociétal et démocratique qui se durcit de mois en mois : la majorité des catégories modestes, exposées aux fragilités sociales, ne vit pas là où la machine économique, culturelle… tourne à plein. Le mouvement des "gilets jaunes" initié fin 2018 explose ainsi en pleine figure des statisticiens INSEE et des technocrates ! Ils viennent du monde rural où ils tiennent des ronds-points, mais vont manifester parfois violemment sur les Champs-Élysées ou dans les centres-villes de Bordeaux ou Nantes.

Cette déconstruction-reconstruction statistique ne résout pas tout et peut être sujette à critiques mais elle a l'immense mérite de stimuler le débat et de sortir le monde rural des stéréotypes, et, surtout, de l'ombre dans laquelle l'idéologie dominante veut le plonger.

• Des indicateurs qui mettent en lumière les richesses du monde rural et rééquilibrent le rapport de force avec le "tout métropole"

Les travaux de recherche consacrés à la création d'indicateurs alternatifs au PIB sont en vogue depuis une dizaine d'années tout en ayant du mal à percer dans la sphère politico-administrative française et encore davantage dans le grand public. Pourtant, une série de propositions sont sur la table avec la plus connue, l'indicateur de développement humaine (IDH*), mais aussi en tenant compte de l'indicateur du vivre mieux ou du bien-être de l'OCDE*, l'espérance de vie en bonne santé, l'indicateur social d'inégalités, l'indicateur empreinte carbone, le taux de recyclage des déchets...

Par ailleurs, il faut sortir des seules mesures de richesse territoriale en termes monétaires. Les approches existantes sont, pour le moins, incomplètes, voire très partielles. C'est le cas quand une entreprise dissocie la localisation de son siège et de ses établissements pour placer astucieusement sa valeur ajoutée dans le pays où elle est le moins imposée. C'est aussi le cas pour un certain nombre d'activités (par exemple les associations, les collectivités locales...) qui ne produisent pas de comptes sociaux dans lesquels seraient indiqués chiffres d'affaires et valeur ajoutée par exemple. Se pose enfin la question de la maille géographique de production de ces indicateurs monétaires : bien souvent régionale, elle ne permet pas d'approcher les différences territoriales.

Le développement de ces **nouveaux indicateurs de richesse territoriale** est une voie primordiale pour un double progrès. Le premier tient à la mobilisation des populations rurales. En effet, un certain nombre de collectivités territoriales de toutes échelles, comme la région des Pays de la Loire, ont développé ces dernières années dans leurs travaux prospectifs et d'élaboration de schémas ou projets de territoires des indicateurs de richesse pour générer du dialogue territorial et démontrer en quoi, au-delà des indicateurs INSEE standards, leurs territoires pouvaient être sources d'apports différents et bien souvent sur ce qui compte le plus aux yeux des populations: lien social, lien sensoriel à la nature, mesures des inégalités, enjeu collectif d'éducation, rapport au temps. Ces thématiques font directement écho aux "mots de la ruralité".

Le deuxième progrès vise à rééquilibrer le débat et le rapport de force avec "le tout métropole" à travers la **construction d'indicateurs en lien avec les biens communs** qui sont universels et non substituables (donc à forts enjeux). Ces derniers sont, pour résumer de manière schématique, de deux ordres: ceux qui permettent la vie humaine (air, eau, sol, biodiversité, soleil...) et ceux qui permettent de faire société (diversité culturelle, éducation, sport...).

Sur le premier type de biens communs (air, eau, biodiversité), la nation doit reconnaître que le monde rural est un formidable puits de ressources, pour l'instant mis gratuitement au service de la frénésie urbaine. Prenons un exemple concret: quand une commune rurale gère "en bon père de famille" ses 800 hectares de forêt publique, elle joue le jeu de la solidarité des biens communs à long terme et ce, gratuitement. Elle ne demande aucune contribution financière à la métropole voisine pour cela. En effet, elle pourrait avoir un raisonnement à court terme en l'exploitant à outrance (comme dans certains pays du globe où la déforestation est dévorante) pour faire place à une activité agricole créant plus de valeur ajoutée locale ou simplement vendre ses bois en quelques années pour se payer les équipements de services que la solidarité nationale lui refuse! Le monde rural doit revendiquer son rôle de protection et de préservation vis-à-vis de l'État qui ne le perçoit plus que comme une charge. En formalisant une série d'indicateurs qui le replacent au centre de certains enjeux vitaux pour l'humanité, le monde rural rééquilibrera fortement son rapport avec les métropoles.

Sur le deuxième type de biens communs (diversité culturelle, éducation, sport...), le monde rural pourrait définir des indicateurs visant à déterminer un panier minimum en termes d'équipements qui permette de "faire société". Certains évoquaient à un moment la notion de "bouclier rural" mais elle s'avère trop défensive.

Pourquoi le monde rural ne pourrait-il pas apporter des réponses dynamiques sur le thème des biens communs qui "font société" et sortent de la seule demande à pallier les manques en équipements? Cela pousserait aussi les acteurs ruraux à faire preuve d'inventivité et d'une réflexion élargie. La population ne cesse d'augmenter dans les métropoles et pourtant notre société n'a jamais si peu "fait société". La nation doit-elle continuer à s'entêter dans le "tout métropole"? La puissance publique doit-elle continuer à favoriser de la sorte la concentration des populations?

- **Des indicateurs qui préparent à l'action pour reprendre le fil de son avenir**

La multitude de zonages nationaux est critiquée à intervalles réguliers mais leur nombre ne cesse d'augmenter. Ils sont censés, sur la base de critères INSEE objectifs, permettre d'agir différemment selon les zones. Le monde rural supporte par exemple les zones de revitalisation rurale (ZRR*)! Un énième rapport accablant est encore sorti fin 2018. Pour les députés rapporteurs, les ZRR sont inefficaces avec un caractère émietté, une absence de dynamique propre aux ZRR et des mesures adossées aux ZRR bien trop hétérogènes et sans cohérence. C'est vrai! Nos chers technocrates n'ont rien trouvé de mieux que se servir de ce zonage pour bâtir un dispositif de défiscalisation pour les médecins et en même temps un régime d'aide spécifique des agences de l'eau pour remplacer les conduites d'eaux potables!!!

On voit bien que le système de zonage actuel est totalement à bout de souffle et crée de l'inertie, des inepties et génère de l'incompréhension. Il faut donc façonner de nouveaux indicateurs croisés et transversaux qui se basent sur les trois grandes fonctions d'avenir de l'espace rural: productif (ressources) / résidentiel (cadre de vie) / nature (environnement). Ils sont aujourd'hui en tension mais ils poussent les décideurs qui entrent dans une démarche d'action à les décrire dans le détail. Un exemple exploité en 2013 dans la construction du projet de territoire “Haute-Saône 2020” peut servir d’illustration autour de trois grandes fonctionnalités :

- le rural – espace productif (support d’activités économiques) fragilisé par des tendances lourdes (métropolisation de l’emploi, recul continu de l’emploi agricole) ou plus récentes (déconcentration industrielle vers le rural-périurbain, diffusion des industries agroalimentaires, émergence du tourisme – nature) ;

- la campagne – cadre de vie (espace résidentiel et récréatif) qui redevient attractif par la périurbanisation, un “désir de campagne fort”, les facilités de mobilité, le développement des usages numériques…

- le rural – espace de nature (espace préservé) qui voit une croissance des biens de nature dans les sociétés développées, une intégration de plus en plus forte des différentes problématiques environnementales dans nos modes de vie…

L’objectif généralisé visé par la démarche “Haute-Saône 2020” était donc libellé ainsi : “poursuivre une attractivité renouvelée et s’engager dans un mode de développement soucieux de l’équilibre entre les territoires en répondant aux besoins d’aujourd’hui, tout en préservant l’avenir”. Autour de cinq grands principes (territorialiser les interventions, rechercher les convergences, investir pour la jeunesse, tendre vers l’exemplarité environnementale, construire un nouveau cadre de concertation avec la société civile) et trois ambitions (accompagner les habitants au quotidien, équilibrer les territoires et construire les nouvelles proximités, valoriser les territoires et leurs savoir-faire) qui découlent de cette approche en trois grandes fonctions, des indicateurs sont définis et suivis dans le temps.

Ce travail expérimental appliqué pour la construction d’un projet de territoire à l’échelle d’un département n’est pas suffisant. Il convient maintenant d’ouvrir **un chantier méthodologique sur la production d’indicateurs alternatifs qui déconstruisent, valorisent et mettent en mouvement le monde rural pour l’action. Le monde rural doit l’exiger dans son adresse aux responsables nationaux !**

"LE VILLAGE DE NOTRE ENFANCE EST AU CIMETIÈRE, RECONSTRUISONS UNE DOUBLE COMMUNAUTÉ DE VIE RURALE"

Plusieurs facteurs entretiennent cette deuxième pathologie du monde rural. La nostalgie du "village de notre enfance" n'est pas en soi condamnable, mais elle trouble les analyses et les perceptions de nos concitoyens. Elle bloque aussi de nécessaires tentatives d'évolution en les stigmatisant. Il faut être "pour" ou "contre" la suppression des petites communes... Il faut s'indigner avec les médias contre la fermeture d'un bureau de poste dans un village sans se poser réellement la question de sa pertinence et surtout se demander par quoi le remplacer pour coller aux nouveaux besoins des populations ! Cette introspection sans concession doit nous permettre collectivement de dépasser les combats d'arrière-garde, car, comme nous l'a dit un jour un ancien dans un village : "Si je veux retrouver le village de mon enfance, c'est au cimetière, où je connais tout le monde, que je dois aller et pas sur les bancs de mon école !".

Les constats

• Le village d'antan n'existe plus !

"Ces villages abandonnés à acheter" à la une d'un magazine immobilier, "SOS villages" de Jean-Pierre Pernaud sur TF1 et LCI, une page Facebook "Aidez-nous à sauver nos villages" de l'association Action Pour le Territoire de nos Enfants (APTE), "Il faut sauver nos villages !" à la une de *Valeurs Actuelles* de juillet 2017 : on peut identifier quelques opérations chocs qui laissent croire à un cataclysme avec des villages rayés de la carte. Si l'on constate la disparition de certains hameaux ou de très petites communes (au sens administratif, moins de 50 habitants), notamment dans les années 1970, par fusion avec une entité voisine, de nombreuses études universitaires affirment cependant la subsistance des villages français. Jean-Baptiste Grison, dans un récent travail de thèse sur les très petites communes en France (thèse éditée en 2012), montre parfaitement que "ces villages ne disparaissent pas par le bas, les dépopulations totales étant extrêmement rares. Ce patrimoine n'évolue pas vers l'effacement, il se maintient."

Ces opérations chocs traduisent surtout une impression confuse que quelque chose se joue sous nos yeux, un processus implacable d'évolution qui fait, par exemple, qu'un citadin qui revient une ou deux semaines l'été, dans le village de ses grands-parents, ne le reconnaît plus. Faut-il pourtant en déduire que la France perd ses villages, et comme le pensent certains, qu'elle donne l'impression de perdre son âme ? Il s'agit plutôt d'une évolution puissante et non d'une éradication radicale. On touche alors davantage aux représentations que développent les Français vis-à-vis de leurs villages. Un article du *Monde* titrait d'ailleurs en 2016 "Le village, un fantasme français" en soulignant une certaine nostalgie du village des grands-parents comme une parenthèse heureuse avec une sorte de mélancolie pagnolesque… tout en précisant que ce "paradis" perdu devrait être couvert par la 4G et accessible facilement et rapidement depuis une gare TGV !

La *Revue des deux mondes* (2014) allait même plus loin en parlant ainsi : "Village français : mythe identitaire". C'est vrai que notre histoire contemporaine regorge d'anecdotes nourrissant ce mythe du village français, mais qui le déconnectent de la réalité. La comparaison des deux affiches électorales de François Mitterrand de 1965 et 1981 est à ce titre éloquente ! En 1965, on pouvait voir le candidat sur un fond de paysage industriel (ligne électrique et cheminées d'usines) avec le slogan

Francois Mitterrand
un Président jeune
pour une France moderne
PRENEZ EN MAINS VOTRE AVENIR
VOTEZ POUR LE CANDIDAT
UNIQUE DE LA GAUCHE

La force tranquille.
Mitterrand Président

“Un président jeune pour une France moderne”, tandis qu’il se présentait en 1981 devant un village coiffé de son clocher avec le slogan “La force tranquille !”.

Ces images ont créé tout un champ de représentations qui a structuré les esprits de générations entières, d’autant plus que nous observons dans les sondages d’opinion que cette vie rêvée de villageois permet de répondre aux envies de maison, de jardin ou encore de “sociabilité maîtrisée” (E. CHARMES) des Français, loin des tensions réelles ou supposées des villes.

De son enquête minutieuse et très complète sur le bourg du Cadenet (Vaucluse), qui comptait 2000 habitants en 1930 et en réunit plus de 4000 aujourd’hui, J.-P. Legoff tirait en 2012 deux conclusions majeures :

- on assiste à une accélération prodigieuse des évolutions : la population vivant du vin, des primeurs et de la vannerie n’a guère varié, entre la Révolution et la décennie 70-80, tant en volume qu’en composition sociologique ; en revanche, sur les trente dernières années, cette société locale s’est transformée en profondeur ;

- on voit très bien que les solidarités villageoises anciennes, assurant certaines connexions humaines, fonctionnent un temps à côté des structures nouvelles qui émergent. Mais petit à petit, elles se délitent et ne sont pas remplacées par autre chose que des institutions, créées par une administration qui est souvent perçue comme étant très éloignée des besoins des citoyens.

Dans son livre *Voyages en France* (2011), Éric Dupin a compilé des centaines d’entretiens au cours de 17 voyages à travers le pays entre janvier 2009 et septembre 2010 qui s’apparentent à une déambulation, prioritairement dans le monde rural mais pas seulement. Ce qui ressort comme fil conducteur est ce qu’il nomme **“la fatigue de la modernité”**, comme si les Français exprimaient une certaine lassitude devant l’accélération des progrès techniques, de la mondialisation des esprits et des échanges, de la recherche permanente de la compétitivité et de la productivité. Il ne décrit pas les gens rencontrés comme de sombres réactionnaires hermétiques aux autres et au progrès, mais comme des êtres parfois en souffrance ou en perte de repères, habités d'un brin de nostalgie.

La plupart des gens rencontrés habitent à quelques kilomètres tout au plus du lieu où ils ont vécu leur enfance, ce qui prouve que le grand nomadisme mondialisé n'est pas totalement banalisé et qu'il doit être possible de recréer "une forme d'esprit des lieux", même s'il souligne aussi la tendance à une homogénéisation des territoires, parfois dévalorisante (partout la même zone commerciale en bordure de ville par exemple), mais aussi jugée plus positivement avec des équipements sportifs et culturels en constante amélioration. Au final, les différents portraits de villages ruraux à travers leurs habitants traduisent une grande diversité de situations, qui souligne encore qu'il n'existe pas de standard unique :

- le village de Bologne (Haute-Marne, 1934 habitants) où le maire décrit une dure réalité sociale avec des jeunes drogués ou alcoolisés – la Haute-Marne est l'un des départements de France les plus touchés par la toxicomanie –, des parents aux yeux rivés sur la télévision, ne s'occupant pas de leurs jeunes adolescents qui traînent le soir dans la commune, des personnes âgées intolérantes aux activités des jeunes…
- le territoire du Pays de Puisaye (Yonne) qui voit l'implantation de néo-ruraux parisiens en complète contradiction avec les populations locales : monde des arts, de la communication…
- Saint-Benoît-du-Sault (Indre, 700 habitants) qui a subi la délocalisation de l'usine de casseroles entraînant la perte de 400 emplois, un vieillissement fort de sa population et la fermeture de la colonie de vacances dans l'ancien prieuré qui accueillait des enfants de Seine-Saint-Denis durant l'été ;
- des villages de Normandie ou de la Côte d'Azur qui n'arrivent pas à loger les jeunes du secteur en raison du prix de l'immobilier ;

- des villages des Cévennes, où de nombreux adeptes de la décroissance développent des modes d'habitat et de vie différents et contribuent parfois à revivifier des communautés locales ;

- Grande-Rivière et Château-Chalon (Jura, respectivement 431 et 151 habitants) qui tirent profit de leurs AOC (vins et fromages) entre tradition et modernité ;

- la commune de Crest-Voland (Savoie, 374 habitants) qui, depuis les années 1970, s'est transformée en station de ski, puis s'est intégrée à de grands domaines skiables voisins, ne conservant plus que des hébergements pour son activité économique ;

- Pampelonne (Tarn, 700 habitants) qui symbolise la venue de jeunes ménages attirés par un foncier moins onéreux, depuis l'amélioration de la RN 88 qui la rapproche considérablement d'Albi.

Que faut-il retenir de ces exemples d'évolution de villages ruraux, rapidement présentés, mais que chacun peut mobiliser dans son histoire personnelle? On identifie clairement **trois processus de fond qui sous-tendent ces histoires singulières,** ainsi que les représentations qui vont avec et qu'il convient de garder à l'esprit, pour bien entendu les comprendre, mais surtout dans le but de proposer pour demain des modes opératoires futurs, permettant d'agir dans l'intérêt du monde rural.

Le premier processus est bien connu et il tient à l'évolution même de **l'activité agricole** qui structurait le monde rural avec encore 30 % de la population active française en 1946 contre 3 % aujourd'hui. Finalement, en à peine deux générations, les techniques de production et la globalisation de l'économie agricole ont bouleversé la structure des exploitations (nombre, taille et cultures). Les "paysans" sont d'ailleurs devenus des "agriculteurs" ou des "exploitants agricoles" même si leur profil supposé a peu évolué dans l'imaginaire citadin mais finalement aussi national ! En effet, l'imaginaire populaire est encore fortement structuré par la grande *Histoire de la France rurale* en quatre volumes (1975-1976) dirigée par Georges Duby et Armand Wallon.

Le deuxième processus à l'œuvre est **l'explosion des mobilités, qu'elles soient résidentielles, quotidiennes ou encore touristiques.** Il s'agit d'abord de la mobilité* résidentielle (changement d'habitation). Hervé Le Bras et Emmanuel Todd ont très bien montré dans *Le mystère français* (2013) que les Français se sont mis à bouger plus qu'avant. Entre 2004 et 2009, 26 % des jeunes de 20 à 25 ans ont changé de département, 22 % pour les 25-40 ans et 8 % des 40-55 ans. "Au final, chaque Français devrait changer de département en moyenne 1,7 fois durant son existence".

Ce qui frappe d'autant plus, c'est que les changements de commune ont été encore plus fréquents sur la même période : tous âges confondus, 25 % des Français ont déménagé au moins une fois d'une commune à une autre en cinq ans ! Les chiffres varient selon les régions mais on voit bien ici que les villages ruraux se renouvellent, certes moins vite que les grandes agglomérations, mais qu'ils se renouvellent malgré tout en profondeur. Cette appétence à la mobilité résidentielle, même si elle est surtout locale, crée en quelque sorte un marché local des résidences principales qui met les villages ruraux en concurrence entre eux. Philippe Estèbe (2015) souligne ainsi l'émergence d'une "spécialisation économique et sociale des territoires qui brouille les cartes de l'ordre territorial soulignant ainsi combien celui-ci reposait sur la sédentarité". Finalement, le passage d'un modèle sédentaire ancestral à un modèle récent de mobilités résidentielles, certes souvent locales et parfois contrariées (Laurent Davezies, 2012), a largement contribué à changer la sociologie des villages et leurs équilibres, avec des populations "qui viennent d'à côté", mais sans forcément maîtriser les mœurs du village. La France est un vieux pays qui, très longtemps, a peu vu bouger ses populations, contrairement à l'Italie, au Royaume-Uni, à l'Espagne ou encore au Portugal. Elle a donc plutôt été en position d'absorber des flux migratoires pour des raisons économiques ou politiques, mais les Français n'ont quasiment jamais été confrontés eux-mêmes à des grandes migrations de ce type. Ceci peut expliquer pour partie, aujourd'hui, ce sentiment ambivalent sur la question migratoire mais également cette peur d'une mobilité résidentielle forcée.

On voit aussi les évolutions liées aux déplacements quotidiens, qui ont un impact sur la mutation du village traditionnel. Entre 1970 et aujourd'hui, la distance moyenne parcourue par les Français actifs entre leur domicile et leur lieu de travail a doublé (de 6 à 12 km). Les économistes des transports ont conceptualisé cette évolution à travers la loi de Zahavi, qui montre que les déplacements de la vie quotidienne se font à budget et temps de transport constant et que la distance kilométrique parcourue est fonction de la vitesse du déplacement.

Avec l'accélération des transports, il apparaît en effet que les Français consacrent autant de temps pour se déplacer au quotidien, mais qu'ils vont plus loin. Une des traductions concrètes de ce phénomène pour le monde rural demeure le "village dortoir" à proximité des villes, même petites. Cette dissociation entre lieu de résidence et lieu de travail, mise en lumière par Laurent Davezies, a permis à un bon nombre de communes de retrouver une dynamique démographique, mais a, par là même, considérablement impacté la vie quotidienne du village rural. L'explosion de l'automobile a, par exemple, fait évoluer considérablement en 50 ans l'armature de l'offre de services publics et privés à la population, car "l'usager n'est plus captif d'un territoire, il est devenu consommateur" (Philippe Estèbe, 2015).

C'est en partie à cause de cela que les villages ruraux ont parfois perdu leur école, souvent leur petit commerce ou leur café ! Ainsi, le nombre de commerces et de services de proximité, notamment dans les villages les moins peuplées, a fortement diminué. Par ailleurs, les exigences en termes de qualité de services et de normes ont favorisé aussi un processus général de concentration. Ces villages se sont donc vidés d'un contenu qui constituait un élément important de la vie locale (Jean-Baptiste Grison, 2012). Il en va de même pour les entreprises qui, avec la constante diminution des coûts de transport et l'émergence de la fonction logistique, sont en recherche de localisation préférentielle, ce qui peut aussi se traduire par des délocalisations de quelques kilomètres à proximité des axes de communication performants.

Certains bourgs ruraux ont ainsi vu partir des entreprises de leur territoire communal vers un nœud de communication voisin. Les emplois sont restés à proximité mais le bourg voit son paysage changé et sa vie locale impactée. Enfin, sans s'étendre sur le sujet car nous y reviendrons par ailleurs, il apparaît aussi que les flux touristiques ont un impact positif ou négatif très fort sur la vie de certains villages ruraux via les résidences secondaires, mais aussi la survivance parfois d'une offre de services saisonnière plus ou moins importante.

Le troisième processus majeur qui sous-tend de nombreuses études monographiques dédiées aux villages ruraux tient à la montée d'une **forme d'individualisme ou de repli sur soi généralisé** qui n'est d'ailleurs pas uniquement le fait des espaces ruraux mais qui impacte fortement la vie du village d'antan. Le sociologue Jean-Pierre Le Goff (2012), dans son étude sur le village de Cadenet, met en avant l'arrivée de la télévision et celle de la voiture, perçues au début comme permettant de réels progrès d'ouverture vers l'extérieur, mais qui ont propulsé, selon lui, la société dans une forme de consommation familiale ne favorisant en rien les échanges. Cette situation conduit progressivement à l'isolement et au repli sur soi, processus qui sabordent les vieilles solidarités villageoises et n'en génèrent pas de nouvelles.

Pour ce bourg, l'explosion démographique avec l'arrivée de nouveaux habitants (cadres travaillant dans les villes situées dans un rayon de 1h-1h30 – Avignon, Marseille –, résidences secondaires, retraités de l'Europe entière...) est aussi un paramètre majeur d'évolution, qu'il illustre adroitement sous l'angle de l'animation culturelle. Étudiant la situation sous l'angle du développement culturel "administré", il montre combien la multitude d'animations culturelles menées par les différents groupes de population du bourg se fait sans forcément prendre en compte l'esprit du lieu, son histoire et sa mémoire. Ainsi, cette frénésie culturelle – qui d'ailleurs bat en brèche l'idée d'un désert culturel où il ne se passe rien – n'arrive pas à faire sens, à créer un lien réel entre les habitants... Dit autrement, à faire société ! Il souligne aussi que le musée municipal de la vannerie (le dernier atelier a fermé en 1978) est peu mis en lumière et peu investi localement. Il est vu comme le symbole d'un esprit d'antan à jamais perdu, malgré des programmations culturelles très fournies.

C'est aussi une tendance à ce que les chercheurs appellent "la gentrification rurale" dans les espaces ruraux les plus attractifs (littoraux, montagne, lieux emblématiques) sous l'effet de l'arrivée de nouveaux habitants, parfois étrangers, avec des revenus confortables. Sur le modèle de la "ghettoïsation" au sein des villes, ces populations mieux dotées en capital (économique, social, culturel) que les populations précédemment installées, s'approprient matériellement et symboliquement les lieux. Cela conduit progressivement à une exclusion des populations rurales les plus modestes ou rend difficile leur installation (Greta Tommasi, 2018). Les analyses menées sur les campagnes anglaises et plus récemment en France montrent que ce processus de gentrification n'est pas le seul à l'œuvre mais il est dévastateur à long terme pour la cohésion sociale. En effet, il n'agit pas par éviction directe et brutale mais il instaure progressivement une scission entre deux mondes qui finissent par ne plus se côtoyer, ne plus faire société. L'exemple de la Haute-Savoie est à ce titre très éclairant. Un grand nombre de familles paysannes sont devenues riches avec la création des stations de ski et la course à l'or blanc. Elles ont souvent pu valoriser leur foncier agricole, qui d'un coup a pris de la valeur. Mais aujourd'hui, les petits-enfants parviennent rarement à rester dans ces vallées, faute de moyens en adéquation avec le marché immobilier. On peut imaginer leur ressentiment et un pessimisme marqué vis-à-vis d'un avenir en décalage entre leurs perceptions, basées sur les représentations familiales et locales, et la réalité de leur vie quotidienne, qui ressort très bien dans l'étude intitulée "Territoires ruraux : perceptions et réalités de vie", menée par Familles rurales et l'IFOP en octobre 2018.

Ce qui se joue depuis une dizaine d'années (la crise de 2008 ayant accéléré ce phénomène) est ce que Christophe Guilluy (2014) appelle "le retour du village au sens du continuum culturel". Une petite vague de néo-ruraux était d'abord venue s'installer en milieu rural par idéologie, mais à présent c'est un mouvement d'une tout autre nature que le monde rural doit gérer. Soumises aux effets des contraintes économiques, sociales, foncières et sociétales, les catégories populaires répondent par un retour au village, plus souvent par pragmatisme que par idéologie. Cette sédentarisation est contrainte car elle est repoussée loin des zones urbaines dynamiques ou des espaces ruraux gentrifiés. Dans ce cas, le village agit comme un contre-modèle à la société mobile et mondialisée, avec toutefois un risque de segmentation culturelle et sociale comme cela se vérifie dans les banlieues. Le mouvement des "gilets jaunes" en est probablement un marqueur !

Il apparaît donc clairement que **le village d'antan est définitivement mort** (sans juger si cela est une bonne ou une mauvaise chose). **Ces villages d'un nouveau type, qui viennent s'agréger à des villages existants (!) forment progressivement des blocs socioculturels non-inscrits dans le récit local et qui ne font pas appel à la mémoire du lieu.** Dès lors, on peut s'interroger sur leur capacité à faire société demain ! La réponse peut-elle être administrative ? Peut-elle aujourd'hui être fournie par la commune ?

• Pour ou contre le maintien des communes (rurales) : un affrontement stérile !

Le maintien des communes, surtout des petites communes rurales, est un marronnier de la vie politique qui revient, comme les saisons, à intervalles réguliers. Cela donne lieu à un affrontement, parfois violent, entre deux mondes qui semblent irréconciliables. Un décryptage rapide du débat est nécessaire pour poser les bases d'une réflexion plus sereine, permettant selon nous la recherche d'une troisième voie plus féconde pour l'avenir du monde rural.

Comment ne pas débuter ce tour d'horizon en soulignant en préambule que les Français restent, le plus souvent, très attachés à leurs communes ! Même si ce sentiment tend très lentement à s'éroder, du fait notamment des éléments présentés précédemment pour les communes rurales, il apparaît dans de nombreux sondages d'opinion que la commune est l'échelon jugé le moins négativement.

L'Observatoire de la vie publique a, par exemple, publié son baromètre annuel en 2017 : seuls 49 % des Français jugent “efficaces” les collectivités territoriales et ce chiffre tombe même à 44 % pour les habitants des communes rurales ! Dans ce tableau peu enviable pour les collectivités, c'est pourtant la commune qui est largement en tête du classement en réponse à la question “Quel niveau de collectivités territoriales vous paraît le plus efficace ?”. C'est aussi aux élections municipales, que les taux de participation sont les plus élevés, notamment en milieu rural, ce qui témoigne à la fois de la priorité accordée à l'échelon local pour l'action politique et de son capital identitaire. Alors pourquoi sont-elles menacées alors qu'elles sont les collectivités les plus appréciées des Français ?

Avant de répondre au pourquoi, il convient d'abord de savoir **qui veut “abandonner” les communes aujourd'hui** alors que, depuis le premier essai de 1971 et la loi Marcellin qui visait à les fusionner, toutes les tentatives pour en supprimer un grand nombre se sont soldées par un échec. Comme elles sont populaires, rares sont les élus et même les organismes de recherche et autres *think tanks* à réclamer leur suppression. Dès lors, c'est l'administration centrale et surtout Bercy qui sont soupçonnés de les avoir dans le viseur.

La haute administration est accusée d'entretenir l'idée selon laquelle moins il y aurait de communes, moins cela coûterait d'argent à l'État, poursuivant ainsi une logique purement comptable. Par ailleurs, il est reproché à la Direction générale des collectivités locales (DGCL*) de chercher à se simplifier la vie, en traitant avec 1600 intercommunalités plutôt qu'avec 36 000 communes ! Dès lors, cette haute administration adopterait une stratégie par étapes, "très sournoise", qui viserait à tuer les communes par étouffement financier progressif en activant différents mécanismes (suppression de la taxe professionnelle en 2009, territorialisation progressive des dotations avec la création du FPIC* en 2012, DGF* territorialisée avec une dotation de centralité au niveau intercommunal...) au bénéfice des intercommunalités pour conduire les communes à se regrouper en leur sein, en espérant qu'elles finiraient par les absorber.

Ce serait aussi l'objectif final de la loi sur le non-cumul des mandats qui a promu une génération de parlementaires hors-sol... peu enclins à les défendre... L'origine de cette défiance vis-à-vis des communes est au moins aussi importante que les raisons qui sont invoquées. En effet, cette défiance des forces vives rurales (élus, associations, entreprises, corps intermédiaires locaux...) vis-à-vis de la haute administration parisienne n'a jamais atteint une telle intensité.

Notre longue pratique à la fois de la vie politique et de l'action publique locale et nationale nous permet de confirmer cette tentation ancienne et latente de suppression des communes, notamment rurales, par l'administration centrale et ses grands corps jacobins. Cette volonté non dite, à dessein, tapie dans l'ombre, conduit finalement à un affrontement stérile et destructeur pour le pays et le monde rural, y compris quand certains chercheurs, comme le géographe Jacques Lévy, utilisent une sémantique vexante pour les élus locaux : quand il dit que “nos communes sont des fossiles” (2013), ce propos n’est pas utile pour se poser collectivement les bonnes questions et apporter les meilleures réponses possibles pour évoluer. Un rapide tour d’horizon des arguments des “pour” et des “anti” est en effet plus pertinent que les effets de manche médiatiques sur ce sujet.

Quels sont leurs arguments pour supprimer ou rationaliser drastiquement les communes rurales ? De manière schématique, trois arguments sont couramment développés. Le premier a trait à **l’ancienneté du découpage administratif** qui date de la Révolution, la commune a été un des éléments fondateurs de la République française, ce qui pour ses détracteurs est le symbole d’une structure dépassée. Il est vrai qu’“en milieu rural, le maillage communal a reproduit le plus souvent la trame des paroisses de l’Ancien Régime. Ces structures ecclésiastiques étaient elles-mêmes calquées sur la répartition de l’habitat et des centres de la vie quotidienne des communautés paysannes qui occupaient alors l’essentiel du territoire français. Ainsi, les quelque 36 000 municipalités font référence, indirectement, à des formes spatiales de l’occupation humaine des campagnes, laquelle s’est généralisée dans le courant de l’époque médiévale, l’essentiel de la trame étant constitué dès l’an 1000.” (Jean-Baptiste Grison, 2012)

Les mutations profondes évoquées précédemment ont donc bouleversé cette vieille trame administrative dans la mesure où les populations ont considérablement évolué dans leur occupation spatiale. On entend souvent dire que nous sommes les derniers en Europe à ne pas avoir fait évoluer drastiquement notre maillage communal. Les études approfondies sur cette question sont toutefois beaucoup plus nuancées car il n’existe pas d’organisation homogène et chaque pays affiche ses spécificités, notamment historiques, statutaires et liées à la densité de population.

Alors pourquoi l'État a-t-il maintenu ce découpage? Certains historiens avancent l'argument de la défiance du pouvoir central vis-à-vis des villes, dès l'origine de sa création. Dès lors, l'État aurait conclu une alliance avec les notables des campagnes contre les grandes villes, d'où une certaine puissance accordée aux communes et plus tard aux départements. Sur le principe du "diviser pour mieux régner", l'État aurait entretenu ce maillage de 36 000 localités pour leur imposer plus facilement son autorité. Si la thèse est tout à fait crédible, elle est dénoncée aujourd'hui par les partisans d'une réduction drastique du nombre de communes, dont l'administration centrale, qui historiquement a pourtant officiellement défendu ce système pour mieux l'encadrer, ce qui, vous en conviendrez, ne manque pas de piquant!!!

Le deuxième argument complémentaire au premier se focalise sur **la trop faible taille de très nombreuses communes**, qui les empêcherait d'être à la hauteur des enjeux d'aujourd'hui et surtout de demain sur les questions d'urbanismes, de transports, de services publics... Poussée à l'extrême et souvent mise en avant par les détracteurs des communes, arrive dans le débat la question des très petites communes rurales. En 1999, plus de 1000 communes comptaient moins de 50 habitants. "Inexistante au moment de la création des communes, la très petite commune est apparue progressivement au fil des décennies, mais ne disparaît pas par le bas, les dépopulations étant extrêmement rares. Ce patrimoine se maintient." (J.-B. Grison, 2012)

Devant ce constat, il est souvent préconisé de réduire le nombre de communes et ainsi de créer des entités avec un nombre moyen d'habitants bien supérieur à celui d'aujourd'hui. Les modes opératoires divergent mais l'idée générale est là. Par exemple, Agnès Verdier-Molinier (2015), directrice de la Fondation pour la recherche sur les administrations et les politiques publiques (IFRAP), plaide pour un renforcement des communes par la fusion de communes et intercommunalités avec, à l'horizon 2030, l'objectif de créer 5000 "super-communes" absorbant les compétences des unes et des autres. Selon elle, la France s'est égarée dans la tentative de promouvoir les intercommunalités, échelon peu lisible pour le citoyen, sans économies liées à la mutualisation et sans réduction sensible des dépenses du bloc communal. Agnès Verdier-Molinier estime que si la France avait, dès les années 1970, impulsé un mouvement de fusions volontaires, les communes françaises auraient en moyenne 3400 habitants et non 1700 comme aujourd'hui. Elle mentionne l'exemple de la Suisse, où les communes sont passées de 3021 habitants en moyenne en 1990 à 2352 aujourd'hui.

Autre approche sur la base des communes nouvelles, celle défendue en 2015 par Philippe Laurent, secrétaire général de l'Association des maires de France et maire (UDI) de Sceaux, pour qui le problème ne vient pas du trop grand nombre de communes mais du fait que beaucoup de communes sont très petites. "Elles n'ont donc aucune possibilité de faire quoi que ce soit. Il faut effectivement alors passer par le travail avec les communes voisines. Le remède, c'est la fusion. Ça n'a pas marché par le passé car c'était fait de manière autoritaire. C'est pour cela qu'on a créé les intercommunalités, dont l'objectif n'est pas tant la gestion technique de services – qui était déjà assurée par les syndicats – que la mise en place de projets politiques. Mais comme on veut faire des intercommunalités des gestionnaires, elles ont un problème de légitimité, car c'est au maire que les citoyens s'adressent pour leurs problèmes quotidiens". Pour lui, la seule façon de s'en sortir est de passer progressivement à 10 000 communes, avec 1500 intercommunalités de 10 communes chacune environ. De son côté, Vincent Aubelle (*Osons la décentralisation*, 2014) plaide pour un projet similaire via des communes de 4000 à 5000 habitants et des grandes intercommunalités de

100 000 à 150 000 habitants, en insistant peut-être davantage sur le troisième reproche fait au système communal actuel à savoir **la capacité à réellement mettre en œuvre les compétences attribuées par la loi.**

Il part du constat qu'en créant des grandes intercommunalités tout en gardant les communes en l'état, on leur transfère toutes les compétences, qu'elles n'arriveront pas à gérer. Il faut donc complètement repenser l'exercice des compétences entre communes et intercommunalités afin d'éviter de transférer aux EPCI* (Établissements publics de coopération intercommunale) toutes les compétences de proximité qu'ils ne sont pas en mesure de traiter. Pour lui, les intercommunalités devraient occuper une position de stratège à l'échelle d'un Schéma de cohérence territoriale (SCoT*) : développement économique, aménagement du territoire, logement, transports et santé. Surtout, elles pourraient peser face aux grandes régions et à leurs pouvoirs prescriptifs.

Il mobilise l'exemple japonais et sa réforme de l'échelon communal. Les Japonais sont partis du besoin pour faire vivre la communauté : par exemple, quelle est la population nécessaire pour faire fonctionner des écoles et un collège ? La réponse est 5000 habitants. Cela a servi de base pour le nouveau découpage communal. Il prône donc le modèle de la commune* nouvelle qui permet de régler les périmètres et les rapports avec les communes déléguées, mais surtout permet de répondre aux questions d'aménagement et de structuration du territoire communal. Au 1er janvier 2019, le nombre de communes vient donc de passer sous la barre des 35 000 avec encore en 2018, la création de 200 communes nouvelles en lieu et place de 600 communes. Le Sénat est allé plus loin fin 2018 en donnant la possibilité pour des communes nouvelles issues de la fusion de municipalités membres d'un ou plusieurs EPCI à fiscalité propre de prendre aussi le régime intercommunal. C'est un peu une commune-communauté qui peut permettre plus de solidarité mais risque par ailleurs de détricoter l'intercommunalité existante. Il convient donc de faire preuve de prudence avec cette commune hybride.

Plus globalement, émerge aussi depuis quelques années une tendance prônant une commune qui se concentre uniquement sur le maintien du lien social, ce qui sous-tend de transférer les autres compétences au niveau intercommunal. Nous y reviendrons par la suite. Ce rapide tour d'horizon des arguments développés par les tenants de la suppression ou de la rationalisation sévère du nombre de communes, notamment rurales, fournit un cadre de réflexion fécond lorsqu'il est placé en face des arguments mis en avant par les défenseurs du modèle communal actuel.

Quels sont les arguments avancés **par les défenseurs des communes rurales** ? Quatre arguments majeurs se dégagent des différentes prises de position en faveur des communes rurales. Le premier – et le plus développé – consiste à mettre en avant **la commune comme socle démocratique**. Supprimer la commune reviendrait à mettre à mal la démocratie, par ailleurs déjà bien mal en point, ce qui se traduit par la baisse de la participation aux scrutins, des comportements inciviques, le mouvement des "gilets jaunes"...

Pour l'Association des maires de France (AMF), la commune est l'élément décisif de la vie démocratique. Affaiblir celle-ci conduit aussi à éloigner le pouvoir de décision du citoyen. La commune étant la base du vivre ensemble, la remettre en cause revient à remettre en cause un modèle de société. La plupart du temps, en milieu rural, les citoyens connaissent leur maire et l'équipe municipale. C'est finalement sur eux que repose une partie du lien social. En milieu rural, force est de constater que la seule présence institutionnelle de la démocratie, c'est la commune ! Le maire, c'est à la fois un conseiller, une assistante sociale, un défouloir... Son rôle est à ce titre essentiel.

La création des communes nouvelles avec le statut de communes associées sans que les conseillers municipaux soient nécessairement issus du village fusionné, est aussi souvent critiquée sous l'angle démocratique. En effet, dans ces petites communes, bien souvent les conseillers municipaux sont volontaires ou poussés à être volontaires pour s'investir bénévolement pour l'intérêt général au sein de la commune. Alors pourquoi les supprimer au moment où l'individualisme est dénoncé ? En creux, c'est également le problème démocratique au sein des intercommunalités qui est soulevé.

Le deuxième argument cible **une tendance à délégitimer le maire dans son exercice quotidien et ainsi le fragiliser vis-à-vis de ses concitoyens**. Récemment, l'AMF a par exemple fustigé la loi portant sur l'évolution du logement, de l'aménagement et du numérique (loi ELAN). Cette loi entérine l'exercice par l'intercommunalité de la plupart des compétences en matière d'habitat avec notamment la création de deux outils dérogatoires au droit commun des opérations d'aménagement : le PPA (Projet Partenarial d'Aménagement) et la GOU (Grande Opération d'Urbanisme). La GOU permettrait dès sa création le transfert au président de l'intercommunalité de la compétence en matière de délivrance des autorisations d'urbanisme même si les communes y sont défavorables.

L'AMF s'y oppose au motif que cela porterait une atteinte injustifiée à la légitimité démocratique du maire et de son équipe. Il en va de même sur le transfert automatique du pouvoir de police concernant l'habitat indigne (c'est une forme de ce que l'on appelle le "mal logement") du maire au président de l'intercommunalité, pour les mêmes motifs. Dans le même ordre d'idée, l'Association des maires ruraux de France (AMRF) dénonce aussi le fait que les préfets ou les présidents de département passent de plus en plus souvent en direct par les présidents d'intercommunalités pour définir les orientations stratégiques.

Le troisième argument dénonce, via l'affaiblissement des communes, **une tendance forte à la concentration des services et des moyens dans les villes ou les bourgs ruraux.** L'AMRF et des maires de petites communes, notamment à l'occasion de leurs vœux à la population en janvier, expriment la crainte de l'inexorable regroupement des écoles, des casernes de pompiers, des gendarmeries, des services techniques dans les villes ou les bourgs principaux au détriment de leurs villages. Ce mouvement est souvent exprimé sous la forme d'une inquiétude pour l'avenir, avec un moins bon accès potentiel pour les personnes les plus fragiles. Sur un débat plus technique, cette crainte est aussi exprimée par exemple concernant le FPIC (Fonds de péréquation des ressources intercommunales et communales) censé être un instrument de solidarité entre les communes à l'échelle de l'intercommunalité mais qui parfois, aujourd'hui du fait de l'obsolescence des bases de la taxe d'habitation, va à l'encontre de son objectif, avec des communes plus riches qui contribuent peu. Pour contourner ce souci, l'AMRF propose en avril 2018 la création d'une dotation de solidarité communautaire votée à la majorité qualifiée qui s'appuierait sur des critères objectifs de richesse ou la création de commissions avec des conseillers municipaux autres que les délégués...

On sent bien ici poindre une défiance forte entre les communes rurales et l'intercommunalité et il y a fort à parier que, dans de nombreux territoires, si un référendum "pour" ou "contre" l'intercommunalité se tenait le week-end prochain, le résultat pourrait être au détriment de l'intercommunalité pour de multiples raisons.

Le dernier argument développé se centre sur **le sentiment de devoir évoluer à "marche forcée" via des injonctions venues "d'en haut"**. Les fusions de communes se font sur la base du volontariat. Dans certains départements, les préfets ont actionné ou actionnent encore des mécanismes financiers de subventions pour emmener une décision favorable à la fusion. La loi prévoyait aussi que les communes nouvelles créées avant le 1er janvier 2016 bénéficieraient du gel de la baisse de leur dotation pendant trois ans. Mieux, celles dont le nombre d'habitants était compris entre 1000 et 10 000 habitants avaient en plus le droit à une majoration de 5 %. Dans une période de forte réduction des dotations, ce mécanisme a souvent été vécu par les maires ruraux comme un chantage entre la fusion ou la paralysie financière ce qui, convenons-en, n'est pas la meilleure formule pour bâtir une dynamique collective locale.

Cette dimension coercitive et purement financière développée par l'État est certainement à la base de nombreuses crispations. L'AMRF souligne souvent que la mise en place d'une intercommunalité couperet, obligatoire, désincarnée, prônée par le législateur depuis 10 ans est un contresens historique de la loi de 1992 qui a fondé l'intercommunalité. L'association a d'ailleurs très récemment demandé à ce que soit réaffirmé le principe de liberté municipale. Elle souhaite aussi que ·l'intercommunalité soit replacée comme un outil de réflexion et de solidarité au service des communes en mettant fin à tout transfert obligatoire de compétences et à l'incitation via la DGF bonifiée (dotation globale de fonctionnement). Elle demande que, prioritairement, la décision de créer, modifier ou supprimer l'intercommunalité soit attribuée aux élus territorialement concernés, l'avis de la Commission départementale de coopération intercommunale (CDCI*) pouvant être sollicité en cas de désaccord et le préfet n'ayant plus un avis prépondérant.

On peut donner tort ou raison aux différents arguments développés de part et d'autre mais ce qui apparaît fortement, c'est qu'une opposition frontale est complètement stérile et sans issue. Or, le monde rural a besoin d'inventer un nouveau modèle dans la sérénité, en recherchant un équilibre qui débouche sur une confiance partagée tant localement qu'avec le pouvoir central. Au préalable et avant de proposer des orientations, il nous apparaît donc primordial de mettre en lumière une erreur fondamentale dans l'analyse collective actuelle, à savoir la confusion entre commune rurale et village.

• Confondre "commune rurale" et "village" : une double erreur d'analyse extrêmement préjudiciable

Quand on se penche sur les différents arguments développés par les "pros" ou les "antis" communes rurales, que ce soit des élus, des chercheurs ou encore des médias, ce qui frappe est **l'amalgame qui est fait entre la commune comme échelon de l'organisation administrative avec bien sûr son maire et son conseil municipal et le village au sens de la communauté humaine villageoise** qui, nous l'avons vu, est en évolution forte et constante par rapport au village d'antan. Parmi de nombreux exemples, un très bon article de vulgarisation du journal *Le Monde* en 2016 intitulé "La fusion des communes rurales prépare une nouvelle fracture territoriale" met en lumière assez justement les mécanismes qui se jouent autour de la création des communes nouvelles en Bourgogne-Franche-Comté. Cet article commet selon nous une seule faute, mais elle est majeure et fonde une erreur d'analyse fondamentale couramment répandue, lorsque l'auteur écrit : "La création du statut de commune déléguée est un palliatif destiné à endormir provisoirement tous ceux qui refusent de voir mourir leur village." C'est en réalité cette affirmation couramment exprimée qui est le ferment du blocage pour une évolution construite, solide et sereine du monde rural, dans la mesure où elle se fonde sur une double erreur d'analyse :

1/ Elle relie le village et le statut de commune déléguée qui provoquerait de fait le déclassement du village qui "avant était une vraie commune, une commune à part entière". Sans se lancer dans le statut du "maire délégué" qui entrera en vigueur en 2020 et les mécanismes de coopération possibles au sein d'une commune nouvelle, il convient juste de revenir à la définition simple issue de nos cours de géographie au collège pour s'apercevoir que le village n'est pas la commune et inversement. Le village (ou la ville quand il y a plus de 2000 habitants) est un groupement de population dans un espace bâti en continu.

La commune est une division administrative du territoire français (*Mon guide au collège*, 2008). Il est vrai qu'à la Révolution les communes ont souvent été créées sur la base des regroupements spatiaux de population, mais nous avons montré que ce n'est pas toujours le cas. Il faut donc sortir de cette logique où l'on considère que la commune au sens administratif s'apparente à la communauté villageoise au sens de la population. D'ailleurs, de nombreuses communes sont, depuis le début du XIXe siècle, constituées de plusieurs villages.

Dans le cas contraire, on comprend mieux qu'en questionnant ce niveau administratif historique se font entendre de grands cris quant à la destruction du lien social ! La position des associations de maires qui, nous l'avons vu, mettent en avant le rôle de conseiller, d'assistant social voire de défouloir du maire rural s'explique par cet amalgame. Ce rôle est certes essentiel pour tout ce qui "fait société" mais doit-on conserver un maire et une entité administrative qui ne serviraient plus qu'à cela, comme le prônent ceux qui veulent vider les communes des autres compétences ? La question doit être posée en ces termes, ce qui serait plus juste et surtout plus pertinent quant aux réponses à apporter.

2/ Elle implique une vision dichotomique entre d'une part de gentils acteurs locaux de la société civile qui refuseraient de voir mourir leur village et d'autre part des maires et conseillers municipaux qui seraient des "vendus" à la cause du regroupement qui impliquerait la disparition de leur village. Ce n'est pas sérieux !

L'intercommunalité, aujourd'hui comme hier, fait débat. Elle doit évoluer, notamment dans ses bases démocratiques, mais personne ne niera que dans le monde rural elle a, en très peu de temps, fait progresser considérablement les coopérations, les mentalités des forces vives locales et la vision bien au-delà du seul clocher du village. Il n'y a pas, en milieu rural, d'un côté ceux qui ne veulent pas voir disparaître leur village et de l'autre ceux qui, pour de sombres raisons, se délecteraient de le laisser mourir à petit feu via des artifices administratifs. Nous sommes issus du terrain et nous l'avons très largement parcouru aux niveaux national, régional, départemental et local. Il n'existe pas, chez les élus locaux, municipaux ou intercommunaux, une volonté de voir mourir sa commune ou son territoire.

Le politologue Stéphane Cadiou (2009) apporte un complément d'analyse fort pertinent pour sortir de cet amalgame entre la commune au sens administratif et le village au sens communauté humaine. Il souligne que l'échelon intercommunal est quasi exclusivement resté à ce jour aux mains des élus et des interlocuteurs les plus prédisposés à dialoguer avec eux : les chambres consulaires, les chefs d'entreprises, les aménageurs… Le problème tient principalement au fait que la société civile (classiquement, comité de quartiers, associations de parents d'élèves, de commerçants…) est encore souvent structurée au niveau du village, au sens humain du terme, et pas au niveau intercommunal.

Cette absence de structuration intercommunale de la société civile ne lui permet pas d'exercer un rôle de contre-pouvoir et surtout de force de proposition face aux élus et aux forces économiques, par exemple pour peser sur un projet d'équipement ou d'aménagement. Plusieurs formules naissent en milieu rural, sous la forme de rencontres ou forums annuels des associations du territoire communautaire. On voit bien que les plus grosses associations du territoire se mobilisent mais qu'il est compliqué de faire venir les plus petites, celles dont l'assise est plutôt communale. Les visiteurs ne sont pas toujours aussi nombreux que souhaités au rendez-vous. Nous croyons fortement à ce tissu associatif car il part de l'humain et du lien entre les individus. Il faut donc trouver des formules qui réussissent mieux. Dès lors, faut-il aider la société civile à se structurer à l'échelle intercommunale avec des communautés de communes plus petites pour laisser une capacité d'initiative aux associations communales ou **plutôt les maintenir dans une forme d'organisation à l'échelle d'un ou de quelques villages tout en leur dédiant des espaces de**

rencontres et de dialogue avec les représentants de la société civile des autres villages de l'intercommunalité ? Au regard des expériences accumulées, nous penchons clairement pour cette deuxième solution.

Parallèlement à ces retours d'expérience du terrain et en parcourant les travaux de recherche en droit et en géographie sociale et humaine, on identifie deux grands champs qui se sont en fait très peu interpénétrés. D'un côté, le droit administratif se penche sur notre organisation administrative (caractérisation des découpages, leurs évolutions historiques, les statuts qui s'y rattachent...) de l'autre, la géographie s'est emparée depuis les années 1980 de la problématique des recompositions territoriales (morphologie des différentes occupations des sols mais aussi définition du concept de territoire, analyse des démarches de développement local et de recomposition des espaces politiques...) Autrement dit, les géographes trouvent trop aride et statique l'analyse de notre organisation administrative. Les juristes se concentrent davantage sur la définition des découpages et leurs constantes dans l'histoire que sur les formes nouvelles et souples de gouvernance locale. Nous voyons bien que les deux sont en tension et qu'une analyse croisée et interactive est absolument essentielle pour sortir des oppositions stériles et des crispations sémantiques qui empêchent d'élaborer des solutions au profit de l'avenir du monde rural.

La preuve par l'exemple : le traitement "contre-productif" par certains médias

Le monde rural mène de nombreux combats pour maintenir une vie dans les villages. Ces combats sont nobles, ils sont ceux d'acteurs qui développent la plupart du temps un engagement sincère. Il ne s'agit donc pas ici de les critiquer car nous avons pu constater lors d'événements de ce type que c'est par l'explication, la pédagogie, autrement dit le travail sur le fond, que les évolutions peuvent s'amorcer, être accompagnées et finalement aboutir dans un climat constructif. Or, c'est bien souvent le traitement médiatique qui envenime les débats.

Prenons le cas de la fermeture du collège de Champlitte par le département de la Haute-Saône en juillet 2017. Ce collège comptait un peu plus de 100 élèves avec des projections à 10 ans autour des 80-90 élèves, ce qui a notamment justifié sa fermeture et le rattachement des communes concernées au périmètre de recrutement du collège de Dampierre-sur-Salon situé à moins de vingt minutes par les transports scolaires. Il est très intéressant de souligner que les médias locaux n'en ont pas rajouté. Ils ont seulement couvert les manifestations et différentes actions locales au moment de la prise de décision entre mars et septembre 2016. Ils ont aussi repris les arguments de fond développés au niveau départemental.

En revanche, TF1 est venu à Champlitte faire des images et du sensationnel pour le journal de Jean-Pierre Pernaut, "grand défenseur de la ruralité", le tout en deux petites heures sur place et sans prendre le soin d'interroger le département à l'origine de cette décision pour qu'il présente ses arguments. C'est à ce niveau que le bât blesse pour le monde rural. Sous une apparente volonté de l'aider dans ses combats, très souvent les médias nationaux l'affaiblissent, soit par maladresse, soit par paresse intellectuelle d'entrer dans les dossiers et mesurer leur complexité, soit par désir de sensationnalisme ou volonté d'opposer et de faire le buzz. Les raisons peuvent souvent se combiner !

Le *Journal Télévisé* de 13 heures de Jean-Pierre Pernaut en est un condensé et tout particulièrement l'opération "SOS villages" qu'il lance chaque année. Elle consiste à mettre en relation via Internet les commerçants ou artisans de villages avec des repreneurs potentiels. Cette démarche est en soi alléchante car elle permet de profiter d'un zoom médiatique pour mettre en lien des offres et des demandes. Ce qui nous paraît plus gênant est la manière dont elle est menée et présentée.

La sémantique utilisée – “SOS, vous aussi participez à la lutte contre la désertification des zones rurales du pays...” – ne laisse pas de place aux doutes. Elle est anxiogène et relaie à grands coups de catastrophisme l'idée d'un monde rural mourant qui doit être sauvé de l'extérieur. Toute démarche locale pour communiquer positivement par la suite est torpillée !

Le deuxième exemple, pris parmi des centaines, est la défense du dernier bureau de poste d'une commune rurale. C'est le cas de celui de la commune d'Asnières-les-Bourges, dans le Cher, en février 2018. Journaux locaux, radios, TV locale ont tous couvert le rassemblement devant le bureau de poste menacé par une fermeture au deuxième semestre 2018. Ce bureau de poste était déjà menacé en 2016 mais le comité de défense avait fait reculer la direction dans son projet. Manifestations, pétition, motion du conseil municipal, interventions de parlementaires et d'élus locaux, comptages citoyens (400 personnes fréquenteraient le bureau de poste chaque semaine, un nombre stable sur un an), sont mis en œuvre pour obtenir un nouveau moratoire. La Poste, elle, avance un autre chiffre : elle note une baisse de la fréquentation de 41 % à ses sept bureaux de poste sur l'agglomération de Bourges entre 2012 et 2017. Elle propose donc de créer un point relais chez un commerçant d'Asnières.

C'est une fausse bonne idée pour la secrétaire du comité de défense, Josette Amiot, qui déclare à la radio : “Un commerçant n'est pas en mesure de traiter une telle affluence, et surtout pas le lieu proposé par La Poste il y a un an et demi. Et puis, le service est limité dans les relais postaux. Il y a beaucoup de personnes âgées ici. Comment vont-elles faire si elles ne conduisent pas ? Vous les imaginez avec leur déambulateur dans le bus pour aller à La Poste de Saint-Doulchard ? Ils nous auront à l'usure, c'est sûr. Mais franchement, quand il nous reste quinze ou vingt ans à vivre, et qu'on n'est pas rentré dans l'ère numérique, on se sent nié dans notre personne !” (source France Bleue). Les médias locaux mettent aussi en avant certains cas très spécifiques comme celui d'une personne malvoyante pour qui prendre le bus présente un vrai problème : "Il faut compter une matinée pour se rendre à La Poste de Saint-Doulchard depuis Asnières et revenir. Franchement, La Poste ce n'est plus un service public, elle ne pense plus qu'à faire du bénéfice !" (source France Bleue).

On voit bien que cet exemple enferme le monde rural dans des combats d'arrière-garde en se focalisant sur la défense d'un service public mis en œuvre par une entreprise publique. En effet, le fond de ce sujet est que ce service est en très forte perte de vitesse et correspond de moins en moins aux usages d'une majorité de Français. Que La Poste cherche des solutions se comprend alors parfaitement. Par contre, que La Poste soit poussée à "bricoler" des solutions non pérennes ou qui vont à l'encontre d'organisations locales à construire autour de l'intercommunalité est catastrophique pour l'avenir du monde rural. C'est par exemple le cas du bureau de poste d'une petite commune qui doit être fermé faute d'usagers et qui est recyclé en Maison de services aux publics (label apparu sous la présidence de François Hollande) alors que le bourg central situé à 5 kilomètres aurait besoin d'être renforcé dès maintenant pour massifier les services publics de proximité. On défend une micro-proximité de façade au détriment d'une proximité courageuse et solide à l'échelle intercommunale.

L'État, mal à l'aise sur ces questions, pousse les élus locaux dans l'erreur en labellisant à grand renfort de communication des coquilles quasiment vides... tout en n'accordant pas, dans son plan France Très Haut Débit, une priorité et une aide spécifique pour les relier à la fibre optique ! Cherchez l'erreur ! C'est en niant de telles évolutions sociétales, en caricaturant et en dramatisant les situations que le monde rural esquive maladroitement les combats vitaux pour sa survie, souvent avec la complicité objective d'un État ambigu sur ces questions.

Orientation stratégique : construire deux communautés complémentaires légitimées au niveau démocratique, l'une centrée sur le lien humain et l'autre tournée vers une gestion efficace

Les constats émis précédemment recentrent clairement le débat pour l'avenir. Au-delà de la discussion pour ou contre le maintien des communes rurales, la question posée est bien davantage la suivante : si la commune dans sa forme actuelle est supprimée ou remplacée par une autre forme, est-ce la fin du village au sens de la vie de la communauté villageoise ? Cette vie dite "de village" a déjà changé et pourtant la commune existait. Celle-ci a-t-elle pour autant été un rempart ou un accompagnant efficace des évolutions ? Ce fut rarement le cas. L'enjeu qui se dresse devant nous est donc bien davantage d'inventer une nouvelle forme de démocratie locale permettant de construire un nouvel attelage complémentaire avec, d'un côté, la réémergence d'une communauté de vie locale – sans la surencadrer, ni la suradministrer, pour laisser libre cours aux énergies – et, de l'autre, la construction assumée d'une intercommunalité renforcée des équipements et des services. Au final, cela revient à **une orientation politique très forte : ne pas opposer mais plutôt mettre en commun les personnes et les moyens dans la construction du bien commun rural, tout en différenciant bien l'humain et la gestion.**

• Stimuler les solidarités humaines au sein de la communauté villageoise

Le village d'antan n'existe plus. Vouloir le reconstituer relève d'une utopie contre-productive pour l'avenir du monde rural même si certains traits historiques doivent être cultivés. Le paradoxe actuel tient au fait, comme le souligne Christophe

Guilluy (2014), que “les contraintes économiques, sociales, foncières et sociétales favorisent le retour du village au sens d’un continuum socioculturel” avec la naissance d’une “contre-société qui contredit un modèle mondialisé hors-sol”. En fait, plus par pragmatisme que par idéologie, les classes populaires se relocalisent dans le village, dans le local, via un mouvement de sédentarisation contrainte. Ce village constitue en quelque sorte un capital social, un “capital du pauvre” qui rassure, qui fait pare-feu à une société mobile et mondialisée. Bien sûr, on comprend très vite que ces territoires n’ont pas les mêmes dynamiques, le même destin, ni le même rapport au monde que les métropoles et les espaces urbains ou touristiques hyperconnectés. Dès lors, le risque d’un affrontement entre deux blocs est réel. C’est d’ailleurs une des explications du mouvement des “gilets jaunes” et, au départ, de sa grande popularité.

Même si la situation décrite par C. Guilluy via son concept de “France périphérique” est critiquée et à nuancer, ce qui frappe c’est que **ce nouveau village ne s’inscrit plus dans un récit national. Il est le fruit d’un contre-modèle, défensif, qui se recroqueville, qui se construit par défaut.** Les grands discours et les politiques publiques sur la mixité sociale n’ont pas empêché ce mouvement. Pire, ils ont été vécus comme des injonctions… paradoxales lorsque les mêmes élites qui prônent la mixité mettent en œuvre des stratégies d’évitement territorial comme pour le scolaire par exemple. Tout le monde a des exemples de cela en tête, parfois même le sien ! Finalement, des formes de solidarité populaire au sein du village sont en train de renaître, certes sur des fondements anxiogènes, mais elles émergent. Comme le souligne le philosophe et essayiste Vincent Coussedière (2012), nous sommes “au moment où le peuple lutte pour sa survie en redécouvrant la solidarité et demain son être politique”. C’est bien ce que craint notre modèle national. Il ne sait pas comment répondre au risque de faire périr le bien commun, ce contre quoi le philosophe Pierre Manent (2018) met en garde lorsqu’il affirme qu’“au lieu que l’énergie sociale soit dépensée principalement pour 'sortir de soi', pour entrer dans des activités partagées et participer à la chose commune, une partie croissante en est détournée pour faire valoir le sentiment pourtant incommunicable de l'individu-vivant."

Pourtant, selon nous, il faut y voir une lueur d'espoir à condition de changer nos regards, nos méthodes et nos réponses. On voit bien à travers les exemples cités que la vie des communautés villageoises d'hier a disparu et n'a pas été remplacée par autre chose que des dispositifs administratifs, normés, certains diront déshumanisés. Néanmoins, de plus en plus de démarches locales – celles qui ne sont pas suradministrées par un État jacobin et craintif – voient le jour pour "exploiter" les gisements de générosité existants chez les Français : 90 % des Français seraient prêts à se rendre régulièrement service entre voisins, 74 % se disent prêts à aider une personne âgée de leur voisinage pour qu'elle reste plus longtemps chez elle (sondage ViaVoice, mai 2014). On a bien vu également que la solidarité et la volonté d'être ensemble nées autour des ronds-points lors du mouvement des "gilets jaunes" traduisent un manque dans les modes de vie individualistes actuels.

Des initiatives sont engagées, dans certains départements, qui essaient par exemple de mettre en place une stratégie de mobilisation des habitants pour les rendre plus solidaires entre eux. Le département cherche alors à être un catalyseur de la mobilisation citoyenne et le révélateur des bonnes pratiques solidaires. Il incube des projets innovants et anime un programme de mobilisation qui prend appui sur différents acteurs : bailleurs sociaux, société civile, associations, habitants… Les actions qui en découlent sont les suivantes : fête des voisins, noël des voisins, mobilisation pour des événements spécifiques comme des inondations ou des épisodes de canicule, le recours à des familles d'accueil volontaires pour des jeunes migrants, le développement des jeunes sapeurs-pompiers volontaires…

On sent que les collectivités s'interrogent sur ce champ pour générer et/ou accompagner ces démarches volontaires, avec toutefois le risque de les suradministrer et ainsi perdre le sens initial de l'engagement citoyen de solidarité. Comment ne pas citer non plus l'exemple de la journée citoyenne : chaque année, durant une journée, les habitants d'une commune ou d'un quartier se mobilisent bénévolement pour réaliser ensemble des projets qu'ils ont eux-mêmes proposés : chantiers d'amélioration du cadre de vie, rénovation d'équipements, valorisation de l'histoire et du patrimoine, contribution aux projets associatifs, projets environnementaux ou culturels... dans des lieux symboliques utiles à tous. Le choix des travaux à réaliser et l'organisation de la journée citoyenne résultent de la collaboration entre les habitants : citoyens, associations, entreprises, élus du conseil municipal et services de la commune. Cette initiative, portée par les communes, les agents municipaux et les partenaires locaux (associations, entreprises, artisans, commerçants...) favorise l'échange entre les habitants, toutes générations confondues, et crée un lien fédérateur, plaçant le citoyen en tant que véritable acteur de sa ville. Un réseau se fait jour et valorise ces initiatives (http//journeecitoyenne.fr).

Nous l'avons déjà souligné, ces initiatives visant à créer des solidarités tournées vers la construction du bien commun à l'échelle du village ne doivent surtout pas être suradministrées, au risque de perdre leurs capacités d'innovation via un cadre normatif défini par un État jacobin. En même temps, elles demandent aussi un minimum d'incubation, de fabrication. C'était d'ailleurs le sens de la très petite commune à l'époque de sa création où la communauté citoyenne se donnait les moyens d'une représentation officielle et d'un pouvoir réel sur l'aménagement et le développement de son périmètre. Dans son travail de thèse sur les très petites communes, J.-B. Grison (2012) conclut ainsi : “L'investissement des habitants revêt la plus haute importance car c'est par cette implication que la communauté peut encore se justifier. Si la communauté se désolidarise par le biais de trajectoires divergentes d'individus qui ne trouvent pas d'intérêt à se retrouver localement, alors une entité administrative de moins de cinquante habitants peut avoir de sérieuses difficultés à se justifier et maintenir son autonomie." Son étude minutieuse place donc la survie des très petites communes sous la condition du maintien des moyens financiers pour agir, mais la conditionne surtout de manière absolument indispensable à la capacité de leurs habitants à se mobiliser pour le bien commun.

Afin de dépasser les oppositions stériles, pour ou contre le maintien de la commune, il convient de s'adresser clairement et directement aux Français, sans les culpabiliser ni se culpabiliser, pour stimuler leurs capacités à se mobiliser localement dans la construction du bien commun, sans encadrer strictement leurs initiatives **mais en proposant un espace d'expression de ces solidarités qui soit souple, innovant, flexible et surtout HUMAIN ! Ainsi, le rôle des nouveaux élus municipaux au sein d'une intercommunalité de gestion se dégage et redonne du sens à cette mission essentielle pour le lien humain dans les villages et l'avenir des territoires ruraux.**

- **Faire un choix politique fort pour un nouvel élu municipal et une intercommunalité renforcée d'équipements et de services**

Les communautés de communes en milieu rural, malgré une histoire récente, ont considérablement fait évoluer et ont surtout mobilisé et équipé un monde rural qui avait peu bougé en 50 ans. Il faut en prendre conscience et ne pas passer sous silence tout ce qu'elles nous ont apporté. Elles ont permis la rencontre et le dialogue entre maires bien souvent isolés dans leurs problèmes communaux. Depuis une dizaine d'années, cependant, l'intercommunalité est devenue une affaire technique, meublée de dispositifs compliqués de transferts de charges, d'intégration fiscale et autres processus très complexes. Ce ne sont que des outils, certes utiles, mais on a perdu, via ce prisme technique et financier qui nourrit l'individualisme des élus, **les deux fondements de l'intercommunalité issue des lois Chevènement (1999) : l'esprit coopératif et la collégialité.**

Pour mobiliser les élus locaux, il faut revenir à des principes simples et que l'État arrête de changer sans cesse les périmètres géographiques et les blocs de compétences. Le rapport Raffarin-Krattinger de 2013 (*Des territoires responsables pour une République efficace*) a insisté sur trois principes de base :

- l'intercommunalité est le lieu de faisabilité des projets qu'on ne peut réaliser seul et de gestion de services qui requièrent une autre échelle dans une logique de subsidiarité ;
- la raison d'être et la force de coopération sont de pouvoir conduire ensemble des projets communs d'aménagement et de développement de l'espace communautaire ;
- la solidarité intercommunale doit être maintenue dans une logique collégiale, fondement sur lequel elle s'est développée et a prouvé sa réussite, c'est la clé de la cohésion de ce bloc de plus grande proximité et du succès de ses projets.

Une fois ces principes simples réaffirmés dans la manière de mener l'action intercommunale, la question de la démocratie intercommunale doit également être traitée. Aujourd'hui, si un sondage était réalisé auprès de nos concitoyens au sujet de l'intercommunalité, il y a fort à parier qu'elle serait jugée sévèrement et mise de côté... alors qu'elle a pourtant tellement fait pour le monde rural en cultivant un grand nombre de compétences jusqu'alors totalement délaissées ! L'émergence des nouvelles communautés villageoises repliées sur elles-mêmes est une explication de cette vision négative mais ce n'est pas suffisant. Le fonctionnement même de l'intercommunalité doit évoluer, nous formulons donc deux propositions majeures.

La première proposition consiste à **repositionner le rôle d'élu municipal en milieu rural dans les communes de moins de 2000 habitants autour de deux missions simples, nobles et reconnues comme telles par la nation.** La première mission de ce "nouvel élu" en ferait un catalyseur du collectif villageois pour reconstruire du lien social et des solidarités. Autrement dit, nous faisons le pari que **l'élu municipal constitue une des**

meilleures ressources pour inventer de nouvelles formes de sociabilité aptes à consolider des relations d'écoute, d'entraide et de respect, soit les questions clés pour l'avenir de notre modèle de société.

Sa deuxième mission serait d'être aussi le relais de la commune et de ses habitants au sein de l'intercommunalité. Nous avons souligné la problématique des petites communes au sein de l'EPCI aujourd'hui élargi. Il faut donc **donner à l'élu municipal ce rôle de relais de proximité au sein de l'intercommunalité.** Il pourrait ainsi faire remonter des éléments de terrain, utiles à la conduite des politiques portées par l'intercommunalité, dans des collèges d'élus (pendant le processus de préparation des décisions) et au sein du conseil communautaire par la participation aux débats, mais aussi en assurer la mise en œuvre pratique dans la commune.

Par exemple, l'intercommunalité peut définir un programme d'amélioration de la ressource en eau potable sur 10 ans avec des principes techniques, financiers et politiques d'action mais c'est l'élu municipal qui serait chargé de veiller sur la configuration de ce programme dans sa commune de par sa connaissance du réseau, sa proximité avec les usagers, et sa capacité à faire remonter les besoins de ses concitoyens. Cela permettrait de construire un cadre commun de responsabilités claires et valorisantes pour tous les acteurs.

La deuxième proposition vise à **donner davantage de légitimité populaire à l'exécutif de l'intercommunalité : l'élection au suffrage universel direct du ou de la président(e) de l'intercommunalité (élection directe par les habitants) tout en conservant l'élection au suffrage universel des délégués communautaires dans chaque commune séparément** pour représenter les habitants de toutes les communes. Le ou la président(e) élu(e) ne serait pas issu(e) du collège des délégués communautaires. Cette formule demanderait à l'exécutif de bâtir une gouvernance équilibrée au niveau des communes, au niveau politique et au niveau de l'égalité hommes-femmes. Ce n'est finalement que se rapprocher, dans une certaine mesure, du dispositif qui prévaut dans les mairies d'arrondissements des grandes villes, ou du binôme homme-femme de conseillers départementaux qui a été une réponse pragmatique à une évolution sociétale.

Nous devons actuellement nous interroger sur la légitimité d'un président de communauté de communes, lui-même maire d'une commune de quelques centaines d'habitants, qui gère dans sa commune un budget de 120 000 euros et dans la communauté de 13 000 habitants un budget de 15 000 000 euros avec quatre ou cinq budgets annexes qui correspondent aux nombreuses compétences transférées : développement économique, crèches, construction et gestion des écoles maternelles et primaires, relais assistantes maternelles, accueil périscolaire et extrascolaire, restauration scolaire, collecte des ordures ménagères, piscines, gymnases, diverses salles de sport, eau, assainissement, service public à l'assainissement non collectif, gestion des milieux aquatiques et protection contre les inondations, réhabilitation du petit patrimoine, construction des routes forestières, etc.

Sachant que ce président de communauté adresse aux habitants les factures des redevances liées à la mise en œuvre de certaines de ces compétences et aussi l'impôt. Quelle est actuellement sa légitimité aux yeux des citoyens qui résident dans le périmètre communautaire mais pas dans sa commune ?

Nous devons y réfléchir.

LES FRANÇAIS VEULENT-ILS D'UN TIERS-MONDE RURAL ?

La troisième des quatre pathologies dont souffre le monde rural éclate au grand jour ces dernières années autant par des manifestations concrètes que par le ressenti des ruraux. Un fort sentiment de déclassement général se fait jour, en même temps que les plans sociaux très médiatisés donnent un climat général déprimant pour ces populations. Est-ce finalement une vue de l'esprit ? N'est-ce pas le cas depuis des décennies ? Pourquoi avons-nous le sentiment que cela s'est accéléré ces dernières années avec l'émergence d'une certaine "fatigue de la modernité" ? Au final, les Français acceptent-ils un tiers-monde rural ? En ont-ils conscience ? Est-ce un modèle collectivement assumé ? Ces questions méritent une analyse sans concession.

Les constats

Se poser la question en ces termes forts revient à s'intéresser de près aux inégalités territoriales et surtout à décrypter les raisons de la situation actuelle, réelle ou ressentie, alors même que ce sujet est prégnant depuis l'après-guerre via les politiques d'aménagement du territoire notamment. Ces inégalités se traduisent entre territoires et par prolongement entre collectivités territoriales mais aussi au sein même des entreprises de plus en plus mondialisées.

• Les inégalités entre territoires : des perspectives sombres pour le monde rural mais un modèle collectivement assumé ?

Comme nous l'avons démontré précédemment, l'approche statistique de l'INSEE présente de nombreuses lacunes pour caractériser le rural et poser les bons diagnostics. Dès lors, il convient d'être prudent lorsque l'on utilise ces données qui bien souvent gomment les réalités. Il est toutefois fort instructif de constater que dans son rapport *Regards sur les territoires* de 2018 (Observatoire des territoires), le CGET* (Commissariat général à l'égalité des territoires) reconnaît que les inégalités territoriales sont réelles et qu'elles ont tendance à s'aggraver, mais il cherche tout au long des 156 pages du rapport à minimiser ou relativiser cette situation !

Et pourtant, le CGET, sur la base des données statistiques, a été obligé d'intituler un chapitre "Les inégalités de revenus". On le sent très gêné. Il utilise une sémantique parfois savoureuse quand il constate "une polarisation croissante de tous les territoires par les plus grandes aires urbaines" ou encore que "les métropoles tirent globalement mieux profit des mutations économiques que les villes moyennes et les espaces ruraux", ou bien encore l'identification de "quatre ensembles régionaux [qui] connaissent des évolutions différenciées : par leur dynamisme démographique et économique, les façades atlantique et méditerranéenne, ainsi que la vallée du Rhône, se distinguent d'un grand quart nord-est de la France affecté par la désindustrialisation et d'un centre dont la démographie est atone du fait d'un vieillissement marqué de sa population".

Mais n'allez pas parler d'inégalités territoriales criantes et qui s'accélèrent ! Non, le CGET admet que c'est statistiquement complexe (ce qui est vrai !) et se contente d'y voir "la diversité des territoires avec des mouvements de convergence et de divergence" qui permettent "d'aller au-delà de l'idée de fracture territoriale opposant des gagnants et des perdants, des centres et des périphéries". Au-delà de ce tour de passe-passe sémantique, il est triste que l'État avance l'argument de la diversité pour expliquer les inégalités, mais refuse cet argument ou cette approche pour adapter les moyens d'actions dans les territoires ! Cherchez la cohérence ! Ce rapport dégage clairement une tendance forte qui n'est pas une surprise avec, au tournant des années 2000, une métropolisation du travail, de la recherche, de la connaissance, de la culture... qui a bénéficié quasiment à tous les cœurs des grandes agglomérations au détriment de zones rurales et périphériques.

La croissance de l'emploi, qui était assez bien répartie géographiquement jusqu'à la fin des années 1990, s'est accélérée principalement dans les dix premières métropoles françaises. C'est dans ces ensembles de plus de 400 000 habitants que s'installent pour l'essentiel les cadres et que se développe le gros de l'économie, de la connaissance et des nouvelles technologies. Dans une étude de février 2018, France Stratégie montre qu'en 2011, 85 % des ingénieurs de l'informatique, 75 % des professeurs de l'information et de la communication et 69 % du personnel d'études et de recherche y sont localisés.

À l'inverse, les métiers fragiles restent fortement présents dans les aires urbaines de moins de 100 000 habitants : ouvriers de la mécanique, du textile et du cuir, caissiers... Nous y reviendrons, mais entre 1999 et 2014, l'emploi a progressé de 1,4 % par an en moyenne dans les métropoles mais seulement de 0,8 % sur le reste du territoire ! Au final, le CGET souligne que les habitants des communes isolées, situées en dehors des zones d'influence des pôles urbains, ont un revenu médian disponible (1 530 euros mensuels) plus bas que celui de toutes les autres catégories de territoires, et s'empressent de mentionner des cas particuliers liés à des régions viticoles, frontalières ou touristiques qui sont loin des influences urbaines mais présentent des revenus médians de haut niveau.

Merci au CGET, mais cela, nous l'avions identifié par nous-mêmes ! Bien sûr, toutes les métropoles ou grandes agglomérations ne sont pas logées exactement à la même enseigne. Bien sûr, au sein même de ces espaces métropolitains, d'inégales dynamiques se font jour. Bien sûr, cette polarisation présente certains avantages dans la compétition mondiale actuelle... Nous ne nions pas ces processus mais pourquoi ont-ils été si longtemps cachés ? Pourquoi mettent-ils l'État si mal à l'aise ? Pourquoi les esquiver ? **Pourquoi alors proposer de tout miser sur les métropoles en y concentrant encore plus d'argent public alors même que l'emploi urbain concentré coûte très cher (coût de l'immobilier, coût de la vie, coût environnemental, perte de temps dans les transports...) ? Est-ce que les grandes villes françaises ont toutes vocation à devenir des villes-monde ? Bien sûr que non ! L'idée est-elle de les transformer en métropoles... chinoises ?** Ces questions sont essentielles pour l'avenir de la nation et les réponses ne vont pas de soi comme semble le penser l'idéologie urbaine dominante.

Nous l'avons vu, le rapport du CGET 2018 est imparfait statistiquement et utilise une sémantique défensive face aux inégalités territoriales. Il faut cependant reconnaître qu'il a le mérite de poser, dans une publication officielle, trois constats à prendre en compte dans nos réflexions :

- les écarts de revenus moyens par habitant entre les régions françaises (hors les régions d'outre-mer) sont réels, mais ils sont plus limités que dans de nombreux pays de l'Union européenne (Espagne, Italie...) mais aussi qu'aux États-Unis, au Canada, en Suisse, en Australie...

- il existe de fortes disparités à l'intérieur des régions françaises notamment celles qui comptent des métropoles, des espaces transfrontaliers et/ou touristiques ;

- le degré d'urbanisation est devenu une clef essentielle pour détecter et comprendre les inégalités de revenus en France.

Si même l'État commence à admettre qu'il y a un grave problème d'inégalités territoriales et que ces dernières se creusent, c'est aussi grâce à des éclaireurs qui ont, depuis une dizaine d'années, cherché à dépasser le cadre statistique national pour construire des alternatives méthodologiques et mettre en lumière des inégalités territoriales !

Le géographe Christophe Guilluy a par exemple construit en 2015 **un indice de fragilité**, issu d'une méthode volontairement simple qui consiste pour chaque commune française à compiler huit indicateurs officiels la situant par rapport à la moyenne nationale (en dessous/au-dessus) pour la part d'ouvriers dans la population active, la part d'employés-ouvriers dans la population active, les temps partiels, les emplois précaires, les chômeurs, les propriétaires occupants précaires, les revenus et l'évolution de la part des employés-ouvriers entre 1999 et 2010.

Au final, chaque commune est caractérisée par une note de fragilité qui varie de 0 (pour les communes qui ont pour chacun des huit critères une valeur en dessous de la moyenne nationale) à 8 (pour celles qui ont pour chacun des huit critères une valeur au-dessus de la moyenne nationale). Plus l'indice de fragilité est élevé, plus il reflète un cumul de difficultés sociales. Le résultat est édifiant. Si l'on considère les communes qui ont un indice supérieur ou égal à 3, on retrouve 69 % des communes qui regroupent 64 % de la population française ! Bien sûr, tous les habitants de ces communes ne sont pas en situation de fragilité sociale, mais leurs communes concentrent les fragilités sociales.

Christophe Guilluy croise enfin cet indice de fragilité avec sa cartographie de la France périphérique définie en 2013 et aboutit au constat que 75 % des communes et 73 % de la population de la France périphérique sont fragiles contre seulement 12 % des communes et 27 % de la population dans les métropoles et grands ensembles urbains ! La mise en carte de cet indice révèle très clairement une France périphérique qui concentre les fragilités sociales, à l'écart des grandes métropoles, dans les petites villes, villes moyennes et zones rurales. Bien sûr, les travaux de C. Guilluy sont critiqués mais ils ont le grand mérite de faire réagir.

Sur un autre champ, l'économiste Laurent Davezies a, dès 2008, mis en lumière ce qu'il appelle "une **circulation**

invisible des richesses qui remodèle en profondeur la géographie française", qui aboutit à un "divorce entre les forces productives et les dynamiques de développement", qui font que "les lieux de la croissance ne sont plus nécessairement ceux du bien-être". Les économistes ont très longtemps ignoré le socle territorial, comme si l'économie était hors-sol. L'idéologie dominante a donc conduit à évaluer toute performance d'un espace ou d'une région à la lumière du seul PIB.

Depuis les années 1950, on assistait en Europe à un étalement de la production et du PIB entre les régions et les villes et donc à une réduction rapide des disparités de PIB par habitant, mais à partir des années 1980 le mécanisme s'inverse. En bref, les inégalités de PIB par habitant entre régions se mettent de nouveau à croître. Ce que montre parfaitement Laurent Davezies c'est qu'en revanche il n'en va pas de même pour les revenus ! Si le PIB par habitant est la mère de tous les indicateurs de richesse, alors les écarts de revenus devraient eux aussi de nouveau s'accroître. Or, ce n'est pas le cas !

Dit autrement, "l'évolution du revenu des territoires ne semble plus dépendre de l'évolution de la richesse qu'ils créent". Son analyse permet d'identifier les raisons de ce constat. Il s'agit en fait, au-delà des revenus issus du PIB, de la mobilisation d'autres revenus décorrélés des facteurs de production de richesse communément pris en compte comme : les transferts publics (mécanismes territoriaux de redistribution tels les prélèvements, dépenses publiques, transferts sociaux), les revenus des retraites ou bien encore ceux des navetteurs qui résident sur place mais n'y travaillent pasles revenus issus du tourisme.

L'économiste a mis en lumière en 2008 ces processus invisibles. Son analyse a conduit à différencier la notion de résidence et celle de présence dans les territoires qui pouvait être bénéfique aux espaces ruraux pris au sens large. En effet, la présence de retraités et de touristes pouvait rendre certains espaces ruraux "gagnants" au regard de la richesse qu'ils créent pour la nation. En clair, ils n'étaient pas contributeurs mais bénéficiaires du système.

Dès 2008, Laurent Davezies repère toutefois que les territoires les plus pénalisés par rapport à ce modèle sont "les territoires qui associent faible attractivité résidentielle – pour les retraités et les touristes notamment – et difficultés productives, comme le Nord ou la Lorraine. Ce sont eux qui, en fin de compte, sont les grands oubliés de ce nouveau modèle de développement territorial." **Ces territoires tout entiers, ou même ces bassins de vie ruraux à l'intérieur d'ensembles plus dynamiques, cumulent une baisse de la production classique et donc des revenus qui vont avec et un manque d'attractivité pour profiter des "nouveaux" revenus alternatifs ! C'est la double peine et sans une réaction politique forte les perspectives sont terriblement inquiétantes pour eux !**

En effet, la crise financière de 2008 et la crise des dettes de 2011 ont accéléré le processus et durci les inégalités territoriales. L. Davezies (2012) montre très bien que la crise financière de 2008 qui est une crise conjoncturelle n'a pas touché tous les territoires français de manière équivalente, loin s'en faut ! Il est vrai que la France, par son modèle social et ses amortisseurs de crise, a plutôt bien résisté par rapport à d'autres pays européens avec par exemple une consommation qui n'a pas chuté durant cette période. Toutefois, les amortisseurs (publics notamment), par leur caractère indifférencié, ont surtout profité aux espaces qui étaient les moins touchés sur le plan économique et moins victimes des restructurations notamment industrielles.

Ce qui fait dire à L. Davezies que "les zones qui ont bénéficié de ces amortisseurs n'ont pas été celles qui ont subi le plus gros de la récession. Ce décalage entre victimes de la crise et bénéficiaires des effets d'amortissement, qui a une traduction territoriale de première importance, se retrouve aussi au niveau des sexes (au détriment des hommes plus touchés)… et des revenus des foyers fiscaux les moins fortunés (situés on l'a vu principalement dans la France périphérique)."

Autrement dit, pendant la crise financière, les territoires les plus exposés ont été les moins protégés! Plus grave encore, la crise des dettes publiques qui a émergé en 2011 et qui va durer encore longtemps – car c'est une crise structurelle – va accentuer le phénomène. En effet, les circulations invisibles de revenus mises en lumière par L. Davezies, principalement adossées aux dépenses publiques (retraites, prestations sociales, emplois publics…), ne pourront plus être mobilisées dans les mêmes proportions car cette recherche d'égalité territoriale a un coût public qui peut ne plus sembler tenable avec la crise des dettes publiques. Ce qui fait dire fort justement à Laurent Davezies que "les experts qui se pressent dans les médias pour parler du déficit des comptes publics ne parlent que de macroéconomie, alors que dans ses origines comme dans ses conséquences (économiques, sociales et peut-être plus encore politiques), la question la plus brûlante est de nature territoriale."

Quatre France peuvent ainsi être identifiées :

- les territoires **"marchands et dynamiques"** (16 % de la superficie et 36 % de la population) : la plupart des grandes métropoles – Paris, Lille, Toulouse, Nantes, Rennes, Grenoble –, des plus petites villes industrielles – par exemple Les Herbiers, Cholet, Colmar, Vitré…– et des zones touristiques – par exemple la Maurienne, Briançon, le massif du Mont-Blanc ;

- les territoires **"non-marchands dynamiques"** (57 % de la superficie et 44 % de la population) : de nombreuses zones hors métropoles en Aquitaine, Languedoc-Roussillon, Poitou-Charentes et Bretagne ;

- les territoires **"marchands en difficultés"** (7 % de la superficie et 8 % de la population) : les zones d'emplois, par exemple de Roubaix-Tourcoing, Mulhouse, Belfort-Montbéliard, Troyes, Saint-Omer, Oyonnax, etc. ;

- les territoires **"non-marchands en difficultés"** (20 % de la superficie et 12 % de la population) : les zones d'emplois, par exemple de Saint-Etienne, Limoges, Béthune-Bruay, Bourges, Roanne, Vitry-le-François, Saint-Dizier…

L. Davezies s'interroge sur le devenir de ces deux dernières fractions de la France d'où l'on pourrait, à l'image des Anglo-Saxons, aider les populations à partir car finalement seuls comptent les gens, les territoires ne sont que des supports, des objets ! Mais les quelques expériences de mobilité contrainte en France ont montré leurs fortes limites, avec des freins sédentaires importants et des déplacements de population non pas vers des espaces dynamiques mais vers des espaces un peu moins sinistrés ! Triste destin !

Les déclarations de Jean Viard en septembre 2018 sur la base d'une note remise au président de la République et publiée par la fondation Jean Jaurès pour "une politique disruptive des territoires" vont dans ce sens. Il prône "de tout miser sur nos métropoles à taille européenne et d'accepter de cesser d'investir massivement dans une impossible égalité des territoires et d'assumer que les territoires éloignés des grandes métropoles vont en partie être oubliés." Il pousse l'analyse en proposant la création d'un "droit à la métropole pour tous" pour que chacun puisse "participer à ce phénomène de nœuds urbains, culturels, économiques", c'est-à-dire que "les habitants des campagnes puissent accéder aux métropoles".

Au final, certains pourraient imaginer l'inégalité territoriale comme un modèle d'avenir, assumé collectivement ou tout du moins accepté par les Français ? Adossés au modèle des métropoles, qui sont des espaces certes dynamiques mais fortement inégalitaires en leur sein même, on accepterait en silence, comme une fatalité pour le monde rural non attractif aux touristes et aux retraités, "un immense plan social, sans lettre de licenciement comme une simple adaptation à de nouvelles normes" (C. Guilluy, 2016).

On est en droit de se poser la question en ces termes quand on voit que, selon les études d'opinion, entre 80 et 90 % des Français sont d'accord pour reconnaître que les différences de revenus sont aujourd'hui trop importantes. Pourtant, cette critique quasi unanime du modèle inégalitaire n'aboutit pas assez à sa remise en cause. Les Français sont certainement plus nombreux que les 10 % restants à assumer ce modèle inégalitaire ou à en profiter directement ou indirectement ! Ou alors, ils ont perdu foi dans les moyens d'actions pour accompagner différemment cette adaptation de nos territoires à l'économie mondialisée. Ce n'est pas l'idée piégeuse du revenu universel issue des approches libérales, en apparence bienveillante avec les classes populaires et les territoires fragiles, qui va rectifier le tir ! Au contraire, cette idée envisagée comme une solution durable pour l'ensemble des classes populaires et les territoires décrétés aux marges du développement mondialisé vient conforter un modèle inégalitaire dans lequel les classes populaires et les territoires ruraux n'ont plus qu'une place marginale !

Les territoires ruraux sont les premiers à s'affaiblir (le mouvement est enclenché) : ceux qui peuvent pallier ces évolutions, avec les bénéfices d'une certaine attractivité touristique ou résidentielle (retraités), par la création d'emplois issus de l'économie présentielle (dont le moteur est la consommation de toutes les personnes présentes sur le territoire, que ce soit de manière permanente ou provisoire – notamment les touristes –) vont seulement fléchir. À l'inverse, ceux qui sont moins attractifs sur ces champs voient des mutations productives majeures se jouer devant leurs yeux sans profiter des métiers de la nouvelle économie et en subissant depuis dix ans un déménagement massif de l'emploi public d'État. Ils ne bénéficient plus d'amortisseurs et sont donc destinés à mourir ou "au mieux" à être le tiers-monde rural de la France (se reporter aux "quatre France" de Laurent Davezies pour qui presque un tiers de la surface nationale et plus de 20 % de la population sont concernés par cette situation – et encore, ces chiffres sont selon nous minorés ! –). C'est aussi, comme le souligne Christophe Guilluy (2013), cette France périphérique qui est la France des plans sociaux : Ploufragan, Fontenay-le-Comte, Florange, Montluçon, Châtellerault, Saint-Savin, Saint-Claude, Malaucène, Baccarat,

Sarreguemines, Lavelanet, Labège, Tonneis, Blagny, Nort-sur-Erdre, Clairoix, La Souterraine…

Dans la même idée, l'économiste Michel Godet (2010) montre comment un des départements les plus pauvres de France, la Mayenne, présente une plus grande égalité de revenus que d'autres départements et une faible dispersion par rapport au revenu moyen par ailleurs faible. Si dans ce département rural les inégalités sont moindres, c'est surtout la grande modestie des populations qui saute aux yeux ! Tout y apparaît comme figé.

Le taux* de pauvreté dépassait 19 % en 2009 dans un tiers des départements ruraux contre 11,3 % dans les espaces urbains. Dès lors, il convient de nommer précisément cette situation : il s'agit **ni plus ni moins d'une forme de déterminisme territorial et social d'un autre temps – la République s'étant donné comme objectif de bannir ces mécanismes d'autoreproduction sociale depuis la Révolution ! C'est cela aussi qui se joue actuellement. C'est la République qui est mise en danger.**

• Par prolongement, des inégalités territoriales qui se jouent au sein des entreprises mondialisées et entre les collectivités locales

Sans que l'on sache vraiment si les inégalités entre territoires en sont la cause ou la conséquence, un des prolongements de cette situation se joue de manière très pratique et, pour le coup, très directe dans la vie quotidienne des Français selon les collectivités où ils vivent, mais aussi au sein des entreprises mondialisées.

Les collectivités territoriales interviennent très fortement dans le quotidien des Français, parfois même sans qu'ils en aient pleinement conscience. Or, de fortes inégalités de moyens se jouent entre elles dans l'Hexagone. De plus, avec la tension actuelle et durable sur les dépenses publiques, ces fortes différences influencent de plus en plus leurs capacités d'intervention selon que l'on se situe à tel ou tel endroit du territoire national. Par exemple, certains départements, encore peu nombreux, s'interrogent aujourd'hui publiquement sur leur capacité à entretenir correctement leurs routes (incidences sur la sécurité routière et donc sur le degré de mortalité de leur population), à accompagner dignement le vieillissement et la perte d'autonomie de leurs personnes âgées, à garantir des collèges de qualité pour leur jeunesse...

Pour résumer de manière schématique, disons que les collectivités territoriales disposent de ressources pour assurer, via un bouquet de compétences (obligatoires et optionnelles), des interventions au bénéfice de leur population. Ces dernières années, une grosse pression à la baisse s'est opérée sur leurs ressources, leurs compétences ont été réparties différemment et souvent leurs périmètres géographiques ont évolué en ce qui concerne les intercommunalités et les régions. Cela a provoqué une sorte de trou d'air dans l'action publique. Dans une période sans réelles tensions sur ces deux éléments (ressources et compétences), les inégalités entre collectivités de même niveau étaient gérables et plus ou moins acceptées. Or, aujourd'hui, ces inégalités de moyens éclatent au grand jour et s'avèrent explosives. Prenons l'exemple que nous connaissons le mieux, à savoir celui du département de la Haute-Saône. Précisons ici que tous les éléments qui suivent sont validés par le rapport d'observations définitives de la chambre régionale des comptes de Bourgogne-Franche-Comté remis en octobre 2017, portant sur l'examen de la gestion des comptes du département pour les exercices 2012 et suivants. Ce rapport, disponible pour le grand public, a salué les efforts et la rigueur de la gestion du département de la Haute-Saône avec les fondamentaux suivants :

- un très faible niveau des ressources (recettes de fonctionnement) : le département présente le plus faible niveau de recettes de fonctionnement par habitant des départements de moins de 300 000 habitants (970 euros par habitant contre 1219 euros en moyenne) alors même que le seul levier de fiscalité directe, la taxe sur le foncier bâti, est déjà à un taux nettement supérieur à la moyenne de la strate, (cette situation s'expliquant par la faiblesse du potentiel fiscal). Les modifications de fiscalité l'ont beaucoup pénalisé ces dix dernières années (le département est industriel, la suppression de la taxe professionnelle l'a par exemple privé d'un levier important) et les mécanismes de péréquation* horizontale et verticale sont très insuffisants au niveau national pour corriger les inégalités de richesse ;

- une très grande maîtrise des dépenses de fonctionnement, dont 73,58 % sont des dépenses d'intervention directe au profit des habitants : les trois allocations individuelles de solidarité (allocation personnalisée autonomie, revenu de solidarité active, prestation compensatoire du handicap), protection de l'enfance, aides aux associations, clubs sportifs, intervenants culturels et à l'éducation… Le rapport de la chambre régionale des comptes a souligné la grande maîtrise de ces dépenses de fonctionnement, les plus faibles des départements de moins de 300 000 habitants, tant au niveau des dépenses de solidarité que de personnel. Elle a notamment mentionné l'exemplarité de la gestion des AIS à travers l'approche de "juste compensation" et de "juste droit" et la mise en œuvre du principe d'effectivité ;

- le maintien d'un haut niveau d'investissement grâce aux efforts de gestion et malgré de très faibles recettes, qui positionne le département dans les meilleurs parmi ceux de moins de 300 000 habitants (226 euros par habitant contre 185 euros en moyenne) et qui lui permet d'assumer un niveau d'investissement ambitieux pour son territoire (y compris en soutenant l'État ou en se substituant à lui pour certains chantiers routiers d'envergure) ;

- une grande maîtrise de sa dette, puisque le département s'est désendetté ces dernières années avec un des encours de dette les plus faibles des départements de moins de 300 000 habitants (570 euros par habitant contre 694 euros en moyenne) et une des meilleures capacités de désendettement (désormais moins de 3 ans) bien loin du seuil de "tolérance" souligné par la loi de finances 2018, situé à 10 ans pour les départements.

Les économies et l'efficacité ont été poussées à leur maximum et cette situation d'un département rural reconnu comme géré de manière saine et sincère (ce qui est tout à fait normal selon nous !) s'apparente de plus en plus à une injustice criante pour les Haut-saônais qui subissent une quadruple peine :

- les faibles recettes de fonctionnement ont conduit à un niveau relativement élevé de pression fiscale sur les ménages par rapport à d'autres départements, alors même que les revenus des Haut-Saônais sont faibles ;

- les interventions directes pour les habitants sont toutes optimisées et évaluées au plus juste et sont donc parfois moins favorables financièrement que dans d'autres départements, qui ont plus de moyens financiers et interviennent avec des différences de traitement notoires sur l'APA par exemple. Cela est étonnant mais reste acceptable jusqu'au moment où ces mêmes départements plus riches ou moins pauvres sont secourus par l'État car ils n'arrivent plus à faire face à leurs engagements visiblement surdimensionnés ! Bonne chance à ceux qui expliqueront cela aux Français... D'ailleurs, on sent bien que cette situation interroge fortement. L'assemblée des départements de France a alerté dans un travail prospectif collectif en décembre 2018 sur la nécessité de "réduire les écarts entre politiques publiques d'un département à l'autre lorsqu'ils ne se justifient pas par respect d'un principe d'égalité". Mais comment réduire ces écarts sans réduire les inégalités par une plus importante solidarité horizontale ?

- le département doit investir dans des domaines où l'État est défaillant, comme sur les routes nationales. La Haute-Saône a, par exemple, dû s'engager dans d'importants travaux de mise à deux fois deux voies sur la RN 57, entre Vesoul et Besançon ainsi qu'entre Vesoul et Luxeuil, à la place de l'État. En effet, en 2012, la déclaration d'utilité publique de ces travaux allait devenir caduque, l'État n'ayant pas eu la diligence de les engager avant cette échéance.

- les économies réalisées ne peuvent être reproduites une deuxième fois. Or, le département se voit appliquer le taux moyen national de maîtrise de ses dépenses de fonctionnement (plafonnement de la hausse des dépenses à 1,2 % par an) entre 2018 et 2020 dans les “contrats” de maîtrise de la dépense publique dits “de Cahors” imposés par l’État ! Pire encore, ses efforts de bonne gestion font que sur certains dispositifs de péréquation, Bercy a réussi à faire que le département de la Haute-Saône, bien qu’ayant les plus faibles recettes des départements de moins de 300 000 habitants, soit contributeur au profit des autres et non bénéficiaire de la solidarité nationale !

L’indicateur de richesse fiscale net de péréquation horizontale donne également une illustration éloquente de ces inégalités : parmi les 46 départements sur 101 qui sont en dessous de la moyenne nationale, il y a 40 départements ruraux et seulement 6 départements urbains ! Seuls 9 départements ruraux sont au-dessus de la moyenne. Il y a donc bien une question majeure d’inégalités devant la ressource qui dépasse le cas de la Haute-Saône. **N’en jetez plus ! Il est totalement impossible d’expliquer aux contribuables haut-saônais mais aussi aux 1200 agents de la collectivité cette situation injuste, avec une absence totale de reconnaissance par la puissance étatique des efforts de gestion réalisés au niveau départemental. Ce sont les mêmes personnes qui s’étonnent à Paris du sentiment de délaissement de ces populations ! CQFD…**

Le monde de l’entreprise ne se situe bien sûr pas en marge de ces processus amplifiant les inégalités territoriales. On pense évidemment à l’extrême concentration de l’industrie financière globalisée dans quelques grands centres qui accumulent des richesses (des places boursières légales aux paradis fiscaux illégaux et scandaleux), mais on pense surtout aux impacts des normes des marchés financiers (liquidité, rentabilité, risque) qui s’appliquent aux unités locales d’entreprises mondialisées installées au sein des territoires ruraux. La rentabilité des portefeuilles financiers prévaut beaucoup trop souvent sur les réflexions en matière de développement ou de cohésion territoriale.

L’économiste Daniel Cohen (2009) montre bien, dans son ouvrage *Trois leçons sur la société postindustrielle*, comment la quatrième des cinq ruptures qu'il identifie est "celle de la révolution financière des années 1980, c'est-à-dire la prise de pouvoir de la bourse dans le management des entreprises. C'est au moment où les managers deviennent actionnaires, et non plus des salariés de l'entreprise, que commence le démembrement de la grande firme industrielle." La géographie des plans sociaux en est une manifestation brutale.

L'actualité de ces dernières années regorge d'exemples de fermetures de sites, à la suite de restructurations décidées par des actionnaires dont les préoccupations sont totalement étrangères aux considérations locales, alors que, soit les carnets de commandes sont déclarés comme "bien garnis", soit la rentabilité est présentée comme correcte mais pas suffisante en comparaison des rendements attendus.

Il faut bien sûr être prudent devant ces messages relayés par des salariés et des organisations syndicales confrontés à une situation d'urgence et de tension, mais cela génère un bruit de fond dans la France des territoires ruraux. Comme le souligne Daniel Cohen, les catégories populaires rurales exposées aux fragilités évoquées ci-avant, soumises au chômage ou risque de chômage, aux temps partiels subis, aux conditions de travail et organisations sans cesse requestionnées pour gagner en productivité, servent désormais "de variables d'ajustement dans le cadre de la compétition mondiale qui vise à réduire toujours plus les coûts de production".

Dès lors, **les salariés se vivent comme des lignes de coûts [c'est-à-dire des lignes à lire dans un bilan] déshumanisées à la merci de choix d'actionnaires situés à l'autre bout du monde et qui demandent un rendement de 15 % par an impossible à tenir sur plusieurs années. C'est aussi une forme de prédation territoriale qui voit la valeur ajoutée d'un territoire rural repartir constamment dans les métropoles mondialisées ou, plus grave encore, dans les paradis fiscaux.** La productivité dans l'industrie rurale a considérablement augmenté mais cela n'a pas vraiment fait croître le nombre d'emplois, ni bonifié les salaires. Les territoires ruraux sont donc devenus clairement des ateliers à bas prix d'exécution. Les travaux prospectifs d'experts confirment ces tendances organisationnelles des entreprises avec des cadres supérieurs dans les métropoles et les autres catégories socioprofessionnelles dans les territoires secondaires ou dominés car les réseaux permettent de faire circuler les informations sans nécessairement être sur place. Insidieusement, la spécialisation économique et la spécialisation sociale se sont articulées. Chaque site possède donc progressivement une structure sociale moins diversifiée, ce qui impacte assez lourdement la sociologie des espaces ruraux. Les ruptures technologiques actuelles et à venir sont encore de nature à remodeler en profondeur les territoires ruraux aux spécialisations sectorielles et sociales fragiles et ce ne sont pas les nouveaux modes de financements participatifs ou solidaires, aujourd'hui peu développés, qui vont changer les choses à court et moyen termes.

Les dernières ordonnances de 2017 font qu'il sera globalement plus difficile de contester en justice une fermeture de site ou un plan de licenciement massif imposés par une entreprise multinationale en bonne santé financière, ce qui n'arrangera rien. Si certains arguments techniques du gouvernement Philippe, tels qu'un renforcement de la sécurité juridique pour les investisseurs, peuvent s'entendre, cette mesure vient encore s'ajouter au contexte général de la France périphérique. Bien souvent, ces actions en justice ne changent pas la donne car elles mettent beaucoup de temps à aboutir. On se rappelle qu'en 2016, sept ans après les faits, les anciens salariés de l'usine Molex de Villemur-sur-Tarn ont vu la Cour d'appel reconnaître définitivement que leur licenciement était “sans cause réelle ni justifiée”. La justice reconnaissait que leur usine était viable économiquement et que la raison de sa fermeture était la recherche de profits plus importants de la maison mère et de ses actionnaires. Ces victoires ont au moins valeur symbolique et les symboles restent importants, mais le sentiment d'anxiété est extrêmement fort depuis quelques années chez tous ces salariés.

La dernière enquête d'ampleur réalisée en 2014 par l'Observatoire de la qualité de vie au travail (OVAT) pointait clairement "l'éloignement des centres de décision" (et tout ce que cela sous-entend) comme un facteur qui détériore le climat social, fragilise la gouvernance des entreprises et dégrade le sens du travail. Et pourtant, le monde rural regorge d'exemples de réussites, avec des sites industriels qui se battent dans la compétition mondiale comme le site mondial de pièces détachées de SEB qui se localise à Faucogney-la-Mer au cœur du territoire des 1000 étangs en Haute-Saône. Produire en milieu rural est possible et présente aussi de vrais atouts compétitifs : disponibilité et prix du foncier, fluidité des trafics, niveau de vie abordable, fidélité des salariés, cadre de vie...

On peut enfin faire remarquer que ces situations de stress et d'anxiété empêchent de se projeter, de "construire sa vie" sereinement. Cela vient par exemple percuter de plein fouet le niveau d'exigence requis par les banques lorsqu'elles délivrent des crédits à l'immobilier aux jeunes ménages ! C'est un cercle vicieux qui produit des travailleurs pauvres, des jeunes ménages actifs qui restent encore chez leurs parents, faute de moyens et de perspectives solides pour construire une vie décente... Ils perdent aussi foi en l'avenir et cultivent un sentiment de déclassement dont nous avons largement exposé plus haut les conséquences territoriales. L'ascenseur social ne fonctionne plus. Nous voulons illustrer cette situation par ce propos d'une femme témoignant devant un élu local : "Mon grand-père a construit sa maison avec un seul salaire, ma grand-mère restait à la maison. Mon père et ma mère avaient chacun un salaire, ce qui leur a permis de construire leur maison. Mon époux et moi-même travaillons mais les banques ne veulent nous prêter pour construire, sous prétexte que nous sommes en contrat à durée déterminé et avec de petits salaires. C'est injuste." Et elle se met à pleurer... **La boucle est bouclée et le déterminisme social et territorial joue à plein.** La réforme des retraites à venir en sera une nouvelle illustration avec des salariés mal payés en milieu rural et qui vont contracter des droits à la hauteur de ce sacrifice national ! Encore une fois, c'est la double peine !

• L'égalité des territoires : une quête permanente, mais de quelle égalité parle-t-on ?

Les constats présentés précédemment amènent à se demander comment nous en sommes arrivés là. Est-ce que rien n'a été fait pour tendre à une certaine égalité de développement ? Bien sûr que non ! Chaque étudiant en géographie connaît sur le bout des doigts les grandes politiques d'aménagement du territoire et leurs objectifs d'égalité sous-jacents, initiés par le général De Gaulle à la sortie de la Deuxième Guerre mondiale sur les bases de l'ouvrage de Jean-François Gravier (*Paris et le désert français*, 1947). Philippe Estèbe, dans un ouvrage de 2015 dédié à l'égalité des territoires, présente même cette quête comme "une passion française" : "L'égalité républicaine des territoires ne constitue pas un principe gravé dans le marbre de toute éternité mais il s'agit d'une construction historique qui correspond à des conditions sociales, économiques et géographiques spécifiques."

L'égalité des territoires n'est donc pas un principe républicain, comme celle des citoyens, pourtant elle s'est construite, dans le temps, selon l'auteur, pour trois raisons initiales fortes : la France est peuplée partout, il y a peu de grands pôles urbains, hormis Paris, et l'espace rural a toujours disposé d'un socle politique national solide et large. Schématiquement, trois grandes acceptations du concept d'égalité des territoires se sont succédé :

- **"L'égalité des droits à..." avant 1950, via des politiques de redistribution, d'équipement et de péréquation** : la déconcentration des services de l'État, des transferts financiers vers les espaces ruraux, des formes particulières d'intercommunalité, des transferts invisibles via la constitution de monopoles nationaux – EDF, SNCF, PTT, etc.

- **"L'égalité des places" de 1950 au début des années 1980, via une logique de spécialisation économique des territoires** avec des tentatives plus ou moins réussies d'organisation spatiale du système productif à l'échelle hexagonale visant à mobiliser les territoires au service de l'expansion économique de notre pays : création de la DATAR en 1963, développement de huit métropoles d'équilibre pour faire contrepoids à Paris – avec de grands équipements comme les centres hospitaliers, les universités, de grands équipements énergétiques –, mise en place de plans agricoles pour l'indépendance alimentaire de la France, création des PNR (Parcs naturels régionaux), construction de deux grandes zones industrialo-portuaires (Fos-sur-Mer et Dunkerque), grand plan de développement touristique du Languedoc, etc.

- **"L'égalité des chances" à partir des années 1980, via la mise en compétition des territoires** : l'arrivée de la crise et le fléchissement de la croissance ébranlent la logique d'égalité des places, s'engage alors une logique de conversion des zones touchées et une recherche permanente du développement régional et, progressivement, local, lequel commence à se structurer. La décentralisation de 1982, puis la montée en puissance de l'Europe avec l'apparition des premiers fonds européens, donne un cadre renforcé à une nouvelle approche davantage fondée sur la négociation, le contrat, la recherche de convergences entre acteurs publics (contrats de plan État-région créés dès 1982) mais également avec les acteurs privés (technopôles, recherche d'investisseurs étrangers, etc.).

L'explosion des mobilités, la fin des grands monopoles d'État, le besoin de protéger les espaces, les notions de compétitivité, de cohésion et de développement durable remplacent les objectifs initiaux au cœur des politiques d'aménagement du territoire. L'État confirme alors son rôle de régulateur devant la montée en puissance des collectivités territoriales : loi Chevènement sur l'intercommunalité en 1992, LOADT (loi d'orientation pour l'aménagement et le développement du territoire et de préfiguration des pays) de 1995, LOADDT (Loi d'Orientation pour l'Aménagement et le Développement Durable du Territoire) de 1999, loi SRU (Solidarité et renouvellement urbain) de 2000, loi relative aux libertés et responsabilités locales de 2004, labellisation des pôles de compétitivité, Grenelle de l'environnement de 2008.

Dès lors, ce sont les territoires eux-mêmes qui sont invités à s'auto-diagnostiquer, à fédérer leurs énergies et à élaborer des stratégies de développement sur mesure. C'est sur la base de ces projets de territoire plus ou moins globaux et non sectorisés que l'Union européenne, l'État, les régions et les départements interviennent en accompagnant financièrement, sans limiter les concurrences entre territoires.

Les trois strates historiques de l'égalité des territoires qui ont structuré 70 années d'interventions publiques sont actuellement mises à mal et nous sommes aujourd'hui au milieu du gué. À défaut de doter le pays d'un nouveau "logiciel d'égalité des territoires" exprimé clairement et assumé, on continuera à être spectateur d'une ligne de fracture politique franche au sujet des politiques d'aménagement du territoire. Elles sont pourtant historiquement consensuelles concernant les choix à faire : pour certaines zones urbaines (émeutes des banlieues en 2005), le rôle et le type de mesures attendues de l'Union européenne (refus de ratification du traité européen en 2005), le rôle de l'échelon régional (basculement de 21 sur 22 régions dans l'opposition en mars 2004), l'avenir des services publics en milieu rural (réforme de la carte judiciaire en 2008, un taux d'investissement en berne – revenu au niveau de celui des années 1970, comme le relevait une étude de BPCE sortie en mars 2018 qui pointait le décrochage de nombreux territoires situés en marge des métropoles avec des besoins en équipements importants mais des problèmes importants de solvabilité –).

La preuve par l'exemple : les départements amputés de leurs métropoles, symbole d'une volonté de façonner administrativement un tiers-monde rural aux portes des métropoles ?

Le statut de métropole a été créé le 16 décembre 2010 et renforcé par la loi du 27 janvier 2014. Au-delà du Grand Paris, deux statuts particuliers ont été créés pour les métropoles de Lyon et de Marseille-Aix-en-Provence. Est venue aussi la création de neuf métropoles dites de droit commun à Bordeaux, Grenoble, Lille, Nantes, Nice, Rennes, Rouen, Strasbourg et Toulouse. Les élus de Brest et Montpellier ont demandé et obtenu, comme le prévoyait la loi, le même statut. Huit nouvelles métropoles ont suivi sur la base du volontariat, en transformant leur communauté d'agglomération en métropoles : Clermont-Ferrand, Dijon, Metz, Nancy, Orléans, Saint-Etienne, Toulon, Tours.

On compte donc 21 métropoles plus celle du Grand Paris. Elles exercent des compétences renforcées par rapport aux intercommunalités classiques et, en complément, mettent en œuvre par convention des compétences relevant en principe du département, comme la voirie, la gestion du fonds de solidarité pour le logement, l'aide aux jeunes en difficulté, la prévention spécialisée, la prise en charge des personnes âgées ainsi que certains équipements sportifs et culturels. La même possibilité est prévue pour quelques compétences relevant des régions. La métropole assure la fonction d'autorité organisatrice d'une compétence qu'elle exerce sur son territoire. Elle définit les obligations de service au public et assure la gestion des services publics correspondants, ainsi que la planification et la coordination des interventions sur les réseaux concernés par l'exercice des compétences. La conférence métropolitaine est présidée de droit par le président du conseil de la métropole et comprend les maires des communes membres. Elle est une instance de coordination entre la métropole et les communes. Le candidat puis le président

Emmanuel Macron a confirmé ces processus en insistant même fortement sur la construction d'un modèle le plus intégré possible calqué sur le cas lyonnais où la métropole a tout simplement repris l'ensemble des compétences du département du Rhône et des services qui vont avec.

Ce processus d'affirmation du fait métropolitain répond à une logique que l'on peut comprendre et qui présente des arguments recevables afin de doter nos pôles urbains majeurs des leviers nécessaires pour exister dans la compétition mondiale et surtout faciliter la lecture du panorama institutionnel par nos concitoyens. Ce processus est renforcé par la signature d'un pacte entre l'État et les métropoles le 6 juillet 2016, pour définir avec elles une stratégie nationale de développement fondée sur l'innovation via trois thématiques au choix : transition énergétique et environnement, ville intelligente et mobilités, excellence économique et rayonnement international.

Cette évolution est franchement beaucoup plus discutable quand on analyse la liste des sept dernières communautés d'agglomération qui ont obtenu sur demande le statut de métropole et **quand le projet de métropole se fonde très principalement sur l'intégration de plusieurs compétences de proximité des départements qui n'ont pas grand-chose à voir avec la compétition mondiale**. Cela traduit davantage une volonté à peine masquée de régler le compte des départements, pour l'instant ceux à forte présence urbaine (puisqu'ils comportent une métropole) avant de démembrer les autres situés en milieu rural. Ce qui interroge dès à présent et de manière très pratique par rapport à la problématique des espaces ruraux, c'est la fabrication par la haute-administration française, aidée en cela par des acteurs comme l'association France Urbaine, d'un véritable tiers-monde rural aux portes des métropoles. D'ailleurs, plusieurs exécutifs de métropoles comme Nantes, Rennes et Bordeaux n'ont pas souhaité en 2018 exercer ces compétences de proximité à la place du département.

En effet, une fois dépecés de leur cœur métropolitain, certains départements qui possèdent une frange rurale très importante sont ou seront amputés à double titre. Premièrement, ils perdent une très forte source de richesse qui leur permettait de mettre en œuvre un développement équilibré et solidaire du territoire via des formes de péréquation internes au département. Ce que Jean-René Lecerf, président du conseil départemental du Nord, a dénoncé en septembre 2018 en fustigeant “la construction de ghettos de riches (la métropole) à côté de ghettos de pauvres, alors même que le département est le moyen incontournable pour mettre en place une péréquation entre les uns et les autres.” **Cela revient finalement à donner plus à ceux qui ont plus !** Par exemple, 85 % des droits de mutations (DMTO*) perçus par le département du Nord sont localisés dans la métropole lilloise. Autrement dit, le nouveau département du Nord se verrait amputé de 85 % de recettes perçues via les DMTO alors qu’il y aurait encore 50 % de la population à prendre en charge. À ce stade, les équilibres financiers ne sont pas tenus ! Deuxièmement, certains départements perdent clairement leur taille critique permettant de répartir et mutualiser les services et les politiques d’interventions ! Ils deviendront ainsi l’équivalent des petits départements ruraux exposés, comme nous l’avons vu précédemment, à des équations financières insoutenables.

Le tableau ci-après montre que tous les départements ne sont pas touchés dans les mêmes proportions, en pourcentage de prélèvement de population, mais aussi en fonction du nombre d’habitants restants qui passe en dessous des 400 000 habitants pour les Bouches-du-Rhône, la Côte-d’Or, l’Indre-et-Loire, la Loire, le Loiret et le Puy de Dôme. L’État, qui a poussé dans le sens du modèle lyonnais, n’a pas prévu de traitement particulier pour les marges périphériques des territoires métropolitains qui constituent un département amputé, risquant une fois de plus de générer une rupture source d’inégalités territoriales. Cela traduit une conception technocratique purement fonctionnelle, avec des échelons qui sont pensés uniquement à l’aune de fonctions à

DEPARTEMENT	Population DEPARTEMENT avec la métropole	METROPOLE	Population METROPOLE	Population DEPARTEMENT restant	Population DEPARTEMENT après/avant
Alpes-Maritimes (06)	1 084 000	Nice	539 000	545 000	50%
Bouches-du-Rhône (13)	2 025 000	Aix-Marseille	1 876 000	149 000	7%
Côte-d'Or (21)	535 000	Dijon	256 000	279 000	52%
Finistère (29)	909 000	Brest	213 000	696 000	77%
Haute-Garonne (31)	1 336 000	Toulouse	747 000	589 000	44%
Gironde (33)	1 567 000	Bordeaux	761 000	806 000	51%
Hérault (34)	1 137 000	Montpellier	450 000	687 000	60%
Ille-et-Vilaine (35)	1 054 000	Rennes	427 000	627 000	59%
Indre-et-Loire (37)	610 000	Tours	293 000	317 000	52%
Isère (38)	1 261 000	Grenoble	450 000	811 000	64%
Loire (42)	762 000	Saint-Etienne	402 000	360000	47%
Loire-Atlantique (44)	1 379 000	Nantes	619 000	760 000	55%
Loiret (45)	675 000	Orléans	280 000	395 000	59%
Meurthe-et-Moselle (54)	731 000	Nancy	254 000	477 000	65%
Moselle (57)	1 044 000	Metz	221 000	823 000	79%
Nord (59)	2 617 000	Lille	1 400 000	1 217 000	47%
Puy-de-Dôme	650 000	Clermont-Ferrand	285 000	365 000	56%
Rhône (69)	1 816 000	Lyon	1 551 000	265 000	15%
Bas-Rhin (67)	1 121 000	Strasbourg	484 000	637 000	57%
Seine-Maritime (76)	1 260 000	Rouen	490 000	770 000	61%
Var (83)	1 054 000	Toulon	428 000	626 000	59%
TOTAL	**24 627 000**		**12 426 000**	**12 201 000**	**50%**

Population des départements avant et après la création des métropoles (source ADF)

réaliser et à répartir selon des considérations d'efficacité calculées et évaluées par l'impératif de performance. Ce paramètre est évidemment très important à considérer, mais ce ne doit pas être le seul.

La décentralisation n'est pas qu'une affaire technique. Il faut revenir à une approche humaine de la politique, avec une ambition partagée par le plus grand nombre de nos concitoyens à être intégrés dans un récit, une identité, de vivre une appartenance territoriale. Or, ce n'est plus le cas et le mouvement des "gilets jaunes" qui aboutit à des manifestations malheureusement violentes dans le centre-ville de certaines métropoles en est aussi un symptôme. L'assemblée des départements de France avance comme forme d'accompagnement un mécanisme de péréquation financière entre les métropoles et ces franges départementales mais cela est très clairement insuffisant. **On assiste en direct à la création d'une dizaine de départements affaiblis alors qu'ils étaient prospères, ce qui va grossir les rangs des départements pauvres et fragiles sur le modèle des départements hyper-ruraux**. En plus, nous ne voyons pas très bien comment de telles réformes nous rendraient plus forts dans la bataille de la mondialisation sous prétexte de muscler artificiellement des centres urbains mais en appauvrissant des territoires ruraux entiers !

Orientation stratégique : bâtir une doctrine politique de l'égalité réelle pour faire face aux défis (non pas de toutes mais) des principales inégalités territoriales

On se rend bien compte que les lois des dix dernières années consistent à redécouper "à la trique" les périmètres et les compétences des collectivités territoriales. Cela ne constitue pas une réponse au niveau des enjeux posés par les inégalités territoriales. Les prolongements politiques et sociaux de ces lois interrogent également. Qui va se marier avec qui ? Quelle est la région dont personne ne veut ? Les départements vont-ils disparaître ? La dimension largement affective des découpages nous coupe des questions essentielles. Ce qui fait dire à Philippe Estèbe (2016) que pour adapter notre système territorial à la nouvelle donne économique et sociale, la solution s'apparente à "un mode d'emploi plutôt que se livrer à un énième redécoupage des territoires et des compétences".

Il convient surtout de réinterroger le fondement et le sens donnés à la décentralisation. Un bref regard historique souligne d'ailleurs que, quasiment partout dans le monde, la déconcentration puis la décentralisation se sont bien souvent construites sur la base de considérations tactiques du pouvoir central confronté à des circonstances historiques. Les territoires ont le plus souvent été introduits, dans les différents modes d'organisation de la démocratie, pour casser des systèmes préexistants ou pour les maîtriser. Ce fut le cas de la création des départements français au départ par simple quadrillage, proposé par l'abbé Sieyès, qui visait à casser l'organisation provinciale de l'Ancien Régime. Tout cet héritage est mis à mal notamment par la fragmentation territoriale créée par les mouvements régionalistes (plus de 300 dans le monde à ce jour). Se pose avec force la question de la solidarité entre régions, de ce qui fragmente les nations sur des bases identitaires mais aussi de plus en plus souvent sur des éléments économiques et très matériels (les plus riches veulent leur indépendance), de l'idéologie du local avec le repli sur soi... La cohérence nationale est ainsi secouée et tout cela a de graves répercussions au niveau de l'Europe.

Les décideurs politiques nationaux et européens sont devant des enjeux colossaux et mortifères, mais ne possèdent pas de doctrine politique solide et argumentée pour lutter contre ces pulsions de fragmentation et parfois d'indépendance de certaines régions d'Europe. Les théories économiques, politiques et sociales sont très insuffisantes sur ces sujets. En conséquence, la pédagogie ne peut être mobilisée pour expliquer aux Français les conséquences éventuelles de ces mouvements. Les réponses sont donc laconiques (les “sachants” et les autres), brutales et froides, sans échange, ce qui nourrit encore plus ces mouvements.

Laurent Davezies (2015) pose le débat en ces termes: “la question est alors de savoir si ces mécanismes de péréquation entre espaces riches et espaces pauvres, au sein des grandes nations, sont globalement préférables à une fragmentation en petits pays non solidaires. Dans les discours politiques, la solidarité interterritoriale est généralement traitée sur un mode affectif et idéologique (autrement dit sans base théorique étayée). La redistribution territoriale n’est pas une charité, mais une sorte d’assurance mutuelle sur le court et le long termes… permettant une meilleure assurance contre les chocs soudains.”

On voit bien qu’il est indispensable d’enrichir considérablement et très vite le corpus théorique de nos organisations territoriales, de définir des espaces et des mécanismes de solidarité à l’échelle nationale d’abord, mais aussi européenne. **Tout s’est construit sur de nobles idées politiques qui ont cheminé via des combinaisons empiriques de décentralisation des recettes et des dépenses et de transferts* de compétences et de moyens humains. Cela donne aujourd’hui un patchwork impossible à décrypter** pour l’électeur-contribuable et même – et c’est très inquiétant – pour les techniciens qui ont bien de la peine à se retrouver dans les méandres des dotations de l’État, des fonds de péréquation et autres mécanismes fiscaux.

Plus grave encore, quand on additionne dans les territoires les emplois publics, on constate des écarts énormes avec des territoires suradministrés et d’autres sous-administrés. Ainsi, le “taux d’administration” toutes fonctions publiques additionnées était en 2016 de 91,2 agents pour 1000 habitants en Haute-Vienne, 89,7 dans la Vienne, alors qu’il plafonnait à 45,9 dans l’Ain et 49,1 en Haute-Saône. Comment justifier ces écarts et pourquoi les maintenir en l’état?

L’autre exemple qui fragilise la décentralisation concerne le ministère des finances de Bercy qui n’arrive plus, par exemple, à expliquer les variations de la contribution sur la valeur ajoutée des entreprises (CVAE)… qu'il a lui-même fabriquée en lieu et place de la taxe professionnelle ! Cette situation est très dangereuse car elle dépossède totalement le citoyen et l'élu, au profit de quelques membres de la technocratie soupçonnés (à tort ou à raison) d'agir contre l'intérêt des territoires. Ce n'est pas le grand et dangereux retour du pilotage centralisé des finances publiques ces dernières années qui va nous rassurer.

Le pilotage par les grands corps de Bercy en communion avec leurs camarades de promotion du CAC 40, qui considèrent les territoires comme autant de centres de coûts à réduire, ne réussira pas à réconcilier les Français avec leur administration centrale. C'est pourquoi deux pistes méritent selon nous d'être creusées pour travailler à des réponses lisibles et explicites aux questions posées par les inégalités territoriales et leurs enjeux pour le monde rural notamment.

Le **premier chantier revient à affirmer nationalement comme un grand objectif, au même titre que l'ambition environnementale par exemple, que le monde rural doit faire l'objet d'un processus de rattrapage sur une quinzaine d'années.** Il faut sortir d'un modèle attentiste où certains acteurs ruraux attendent tout de l'État et de forces extérieures. Il faut sortir d'un modèle où il est de bon ton de ne pas voter d'imposition locale comme si cela était un trophée, le but ultime. N'en déplaise au ministre Darmanin et son célèbre "balance ton maire" en 2018, l'impôt local a une justification et une signification lorsqu'il est juste et qu'il est mis au profit de l'action et de projets locaux concrets en phase avec les besoins des populations, alors même que le soutien financier et humain de l'État n'a cessé de baisser depuis 15 ans. Il faut sortir de la logique RGPP* ou MRAP développée par l'État depuis 15 ans avec la réduction de l'emploi public de manière uniforme et aveugle sur le territoire national. Certes, il est nécessaire de maîtriser l'emploi public – et le département de la Haute-Saône y a largement contribué en ayant les deuxièmes plus faibles dépenses de personnels par habitant des départements de moins de 300 000 habitants – mais certains territoires ruraux n'ont parfois plus assez d'emplois publics, et devraient donc, vu la situation décrite précédemment, être exonérés de cet effort. Nous y reviendrons.

De manière plus technique, il faut donc trouver un équilibre entre les trois grandes fonctions allocatives, stabilisatrices et redistributives des finances publiques. Les travaux de Richard et Peggy Musgrave (1959) ont montré que la première (les allocations) est d'autant plus efficace que la dépense est décidée près du terrain et que les deuxième et troisième fonctions doivent être mises en œuvre au niveau géographique de gouvernement le plus élevé possible pour garantir une bonne coordination et une certaine justice. Cette approche est beaucoup moins simple qu'il n'y paraît, car toutes les politiques publiques sont plus ou moins dotées des trois fonctions à la fois, mais elle offre une matrice pour passer au crible l'ensemble de l'action publique.

Dès lors, les enjeux présentés pour les territoires ruraux pourraient réapparaître sous un autre jour (comme d'autres d'ailleurs) car ces trois fonctions sont mises sous tension dans l'ombre comme le souligne L. Davezies : "il n'y a pas de doctrine établie de décentralisation, ni de manuel de partage des tâches entre différents niveaux de gouvernement, mais plutôt des choix résiduels et implicites dérivant d'arbitrages macroéconomiques et sociaux fluctuant entre trois objectifs aussi souhaitables que contradictoires". En fait, ces questionnements doivent permettre d'éclairer un arbitrage, dans le triple dilemme qui se pose avec une exigence de compétitivité appelant à libérer les fonctions allocatives (libérer l'énergie des métropoles par exemple), renforcer les fonctions redistributives pour remédier à la croissance des inégalités territoriales, tout en assurant les fonctions stabilisatrices pour maîtriser les déficits publics ! Quel programme ! Il demande des choix difficiles, mais nécessaires, qui ne peuvent être décidés uniquement au sein d'un cercle de technocrates mais doivent être expliqués et mis en perspectives devant et avec les Français.

Le **deuxième chantier consiste à définitivement, courageusement et publiquement, arrêter d'entretenir l'illusion d'une quête d'égalité formelle des territoires.** Notre pays doit passer par un travail sérieux, non dogmatique et sans instrumentalisation politique, de construction d'une **doctrine visant l'égalité réelle basée sur la relativité, en hiérarchisant les inégalités à combattre (pouvant varier selon les territoires)** plutôt que de continuer à entretenir la fable de l'égalité formelle, héritée de 70 ans d'aménagement du territoire, qui bloque les initiatives de création de formes politiques nouvelles et entretient l'espoir d'un grand soir institutionnel qui réglerait tout par le haut mais qui ne viendra jamais !

Nous avons présenté les trois stratégies d'égalités territoriales qui se sont succédé au fil du temps. Elles ont volé en éclat ces dernières années mais elles portent toutes en elles quelques éléments à considérer pour bâtir dans un avenir proche une nouvelle forme d'égalité. "L'égalité des droits des territoires" coûte trop cher aujourd'hui et, si elle est poussée à l'extrême, elle joue contre l'égalité réelle des citoyens et encore plus depuis les réformes territoriales récentes et la baisse des dotations. Elle met toutefois en lumière un besoin croissant d'intercommunalité, de péréquation horizontale, mais aussi un besoin fort de débat public. "L'égalité des places des territoires" est laminée par des territoires qui ne diffèrent plus au niveau fonctionnel du fait de la mondialisation et de la mobilité des personnes. Elle invite à construire politiquement les réseaux territoriaux. Non pas comme aujourd'hui, une stratification de la France par niveau de collectivités, mais permettre une organisation souple en réseaux ou coopérations. "L'égalité des chances des territoires" a parfois aussi incité certaines collectivités à se comporter comme de petits États et a nourri des pulsions séparatistes et surtout égoïstes. Or, on voit bien que les politiques publiques doivent être construites avec les habitants du territoire, mais pas uniquement. Les travailleurs, les consommateurs et les touristes ont aussi leur mot à dire.

À partir de ces constats critiques et devant l'ampleur de la tâche, Amartya Sen (*Repenser l'inégalité*, 2012) nous invite à ne pas considérer l'égalité comme absolue au risque de saper la volonté collective de lutter contre les inégalités par un programme trop ambitieux. Il est vrai que les trois grandes acceptions françaises de l'égalité ont débouché sur un programme extrêmement ambitieux et donc fatalement non réalisé, ce qui entretien une frustration permanente de toutes les parties prenantes, parce qu'il pose des problèmes d'efficacité et de coût. L'économiste propose davantage de "savoir quelles inégalités on souhaite combattre, inégalités de quoi?" et d'accepter ainsi une hiérarchie des inégalités à traiter qui peut varier selon les situations et les territoires. Nous pensons qu'il **convient de s'attaquer de manière prioritaire et massive à six inégalités sociétales à forts impacts négatifs sur le monde rural. Il s'agit de celles qui touchent à l'éducation, la santé, la sécurité, l'urgence environnementale, la culture et la connexion**. Sur ces sujets, la France a longtemps été exemplaire, y compris par rapport aux autres pays dans le monde, mais les systèmes actuels doivent se réinventer car ils sont à bout de souffle. Ils ne répondent plus aux attentes des populations et ne permettent plus de relever les défis auxquels le monde rural est confronté. Ce sont sur ces six sujets que des réponses doivent être apportées et ce, de manière objective, énergique et durable.

“SANS MATIÈRE GRISE TERRITORIALE, POINT D’AVENIR POUR LE RURAL !”

La quatrième pathologie du monde rural se situe au niveau des hommes et des femmes disponibles pour relever les défis qui sont posés. Nous l’avons vu précédemment, au cœur de la crise actuelle, certains territoires tirent leur épingle du jeu. Il y a une France qui gagne et l’autre non ! Les métropoles notamment ont profité d’une modernisation en profondeur de leur tissu productif mais ce sont surtout elles qui concentrent les facteurs immatériels cruciaux de l’économie de demain : **la matière grise** avec la haute fonction publique, les centres de recherche, les formations supérieures, les centres hospitaliers universitaires, les sièges sociaux des grandes entreprises, les grands équipements culturels et sportifs, les aéroports, les complexes hôteliers... Elles concentrent aussi les plus hauts salaires dans les secteurs public et privé. Au-delà des apports économiques de la présence de cette ressource humaine constituée par la matière grise, nous voulons surtout insister sur son rôle fondamental dans le monde actuel.

Les constats

L’enjeu de la matière grise se pose avec une grande acuité dans le monde rural. Or, force est de constater qu’il dispose d’une ressource humaine spécifique, notamment à travers sa jeunesse, qui le handicape pour faire face aux défis de demain et que l’ingénierie territoriale susceptible d’accompagner les territoires ruraux subit un désengagement fort de l’État depuis 30 ans, ce qui lui assène trop souvent le coup de grâce ! Nous n’avons pas à notre disposition d’analyses chiffrées sur les emplois privés mais le manque de cadres supérieurs et intermédiaires est exprimé tant par les chefs d’entreprises que par les responsables publics.

• Un déficit structurel de matière grise dans le monde rural lié à ses spécificités et à un manque d'ambition de sa jeunesse

Nous avons vu dans le rapport du CGET 2018 que la forte métropolisation du travail, de la recherche, de la connaissance, de la culture… a bénéficié essentiellement aux grandes agglomérations au détriment des zones rurales et périphériques. Ce n'est donc pas une surprise que, entre 1999 et 2014, l'emploi ait progressé de 1,4 % par an en moyenne dans les métropoles et seulement de 0,8 % sur le reste du territoire ! La croissance de l'emploi s'est de plus en plus concentrée depuis 30 ans au sein des ensembles de plus de 400 000 habitants, par une installation massive de la matière grise en lien avec l'économie de la connaissance et des nouvelles technologies : cadres, ingénieurs, professeurs, personnels d'études et de recherche… À l'inverse, les métiers fragiles restent fortement présents et deviennent dominants dans les "aires urbaines" de moins de 100 000 habitants : ouvriers de la mécanique, du textile et du cuir (quand il en reste), caissiers… L'adaptation forcée de notre modèle aux deux crises (financière et des dettes) a amplifié ce phénomène de concentration/désertification.

Quelques espaces ruraux qui présentent une importante attractivité touristique ou résidentielle, en particulier pour les retraités, s'en tirent un peu moins mal, nous l'avons vu, par la création d'emplois issus de l'économie présentielle. Toutefois, la grande majorité d'entre eux, soumis aux fortes mutations productives et aux plans sociaux, ne profite pas des nouveaux métiers issus de la nouvelle économie et subit depuis longtemps – mais de manière accrue ces 10 dernières années – un déménagement massif de l'emploi public.

Ils ne bénéficient plus d'amortisseurs, mais **surtout ils sont dépourvus de pans entiers de "matière grise", aussi bien dans la sphère publique que dans la sphère privée, pourtant absolument nécessaires pour faire face aux défis à venir. Autrement dit, malgré la meilleure volonté du monde de différents acteurs**

ruraux, élus, associations, entreprises… qui s'investissent, agissent, se battent pour développer leur territoire, il manquera de plus en plus une strate complète de population pouvant réunir un bouquet suffisant de compétences complémentaires et collectives.

On voit combien il est difficile en milieu rural de recruter des collaborateurs de haut niveau dans les collectivités ou les entreprises : cadres supérieurs et intermédiaires, ingénieurs, médecins… C'est autant de matière grise en moins pour le monde rural. C'est un fait qui traduit aussi l'attirance de nos concitoyens pour les emplois métropolitains alors même qu'une grande majorité d'entre eux dénonce dans le même temps l'abandon des territoires ruraux et le temps perdu dans les déplacements à l'intérieur des métropoles. Les Français ne sont pas à un paradoxe près ! C'est ainsi, mais c'est surtout une donnée à intégrer pour bâtir des solutions crédibles et efficaces afin de donner un avenir au monde rural.

Ne pas se bercer d'illusions quant aux capacités humaines actuelles du monde rural et poser les vrais constats demande tout d'abord une analyse objective de sa jeunesse. Hormis un ouvrage du sociologue Nicolas Renahy (*Les gars du coin*, 2005), la jeunesse rurale n'a quasiment pas fait l'objet d'enquêtes fines, complètes et rigoureuses. Or, des travaux récents posent un regard très instructif sur la situation. Tout d'abord, l'idée selon laquelle les élèves ruraux souffriraient d'une “différence culturelle” avec les élèves urbains, apparaît fausse. Leur niveau scolaire, en primaire et collège est semblable à celui des élèves urbains, bien que le profil sociologique des ruraux soit plus populaire. Un article publié par le CEREQ (Centre d'études et de recherches sur les qualifications, Yvette Grelet et Céline Vivent, 2011) montre très bien que “contrairement aux idées reçues, vivre dans un territoire rural n'est pas pénalisant pour la scolarité grâce au fort engagement des parents et des équipes éducatives, ainsi qu'à un maillage associatif très développé, ceux-ci compensent (quand il existe et ce n'est pas toujours le cas, loin s'en faut), l'éloignement de certaines ressources pédagogiques, culturelles et sportives".

On constate ici que la "démocratisation scolaire" progressive, marquée depuis la fin du XIXe siècle par l'instauration de l'école obligatoire, a peu à peu transformé la jeunesse rurale issue principalement, à l'origine, de parents agriculteurs et ouvriers. L'allongement et la massification de la scolarisation des jeunes ruraux ont ainsi accompagné la lente transformation du monde rural (industrialisation, mécanisation de l'agriculture, exode rural…). L'école est fortement associée à ces changements profonds. Dans un rapport d'étude publié par l'Institut national de la jeunesse et de l'éducation populaire, Benoît Coquard (2015) fait même remarquer que "l'école s'est substituée aux familles, aux corps de métiers et au voisinage. D'un certain point de vue, l'école est une opportunité d'ascension sociale pour les jeunes ruraux, mais elle participe aussi de l'importation de normes sociales urbaines et bourgeoises. Les critiques qui lui sont adressées l'associent parfois à une forme de déclin de la vie à la campagne… car elle favorise le départ pour la ville des jeunes ruraux et leur inculque une vision du monde social relativement opposée à celle de leurs aînés."

Finalement, l'école s'est imposée comme une institution indispensable, démontrant la présence de l'État dans des territoires éloignés des centres de décision. Il suffit de parcourir la Presse Quotidienne Régionale lors de la rentrée scolaire et constater les mobilisations de la population locale lorsque l'Éducation nationale menace de supprimer une classe ! Cette rétrospective historique est essentielle pour comprendre la suite. En effet, à la sortie du collège, un puissant mécanisme spécifique au monde rural se fait jour et traduit pleinement un trait de caractère handicapant. Ainsi, **les parcours scolaires des jeunes ruraux révèlent une certaine distance vis-à-vis du modèle dominant des études supérieures plus ou moins imposé par l'institution** même si les derniers chiffres du CGET montrent une progression constante des diplômés qui a aussi bénéficié aux populations rurales. Cependant, il est utile de rappeler qu'elles partaient au début des années 1980 avec un gros retard.

Entre 1982 et 2013, la part des plus de 25 ans diplômés du supérieur a triplé en France métropolitaine passant de 8,2 % à 27,8 %, mais ce taux était de 32 % dans les grands pôles urbains et seulement de 17 % dans les communes rurales isolées (CGET*, 2018). Jean-Jacques Arrighi (2004) montre très bien que, dès la fin du collège, "les jeunes ruraux s'orientent beaucoup plus massivement vers l'enseignement professionnel que leurs homologues urbains. Moins de la moitié d'entre eux sont entrés dans une seconde générale ou technologique, 10 % de moins que les jeunes urbains. Ils ont en revanche beaucoup plus souvent préféré la voie de l'apprentissage. La préférence pour les études plus directement professionnelles est nette ; et ce, quel que soit le capital scolaire." La moindre appétence pour les études longues chez les jeunes ruraux ne serait pas due à un retard scolaire ou à toute autre forme de "déficit culturel" mais, et c'est plus dérangeant, à un état d'esprit !

En effet, à partir de l'enquête "Génération 2004" du CEREQ (2011), Yvette Grelet et Céline Vivent notent ainsi que **les jeunes ruraux "font preuve d'aspirations plus modestes en termes de poursuite d'études et de projets de métier"**. Autrement dit, les élèves ruraux n'ont pas un niveau scolaire plus faible en primaire et collège mais optent pour des parcours scolaires plus courts et placent moins d'espoirs dans les diplômes post-bac. Plusieurs explications à ce phénomène d'auto-exclusion des études post-baccalauréat, très préjudiciable pour le monde rural, peuvent être fournies :

- des contraintes liées à la mobilité géographique : le fait de continuer après le bac oblige les jeunes ruraux à s'installer en ville, là où sont situés les établissements d'enseignement supérieur, à louer une chambre ou un appartement et à se séparer plusieurs jours par semaine de leur famille et amis restés au village. Cela coûte cher aux familles rurales qui vivent assez souvent avec des revenus relativement faibles ;

- une forme de réalisme scolaire qui pousse les jeunes ruraux à adapter leurs espérances scolaires à l'offre du marché du travail rural, requérant majoritairement des emplois manuels peu qualifiés (même si cela évolue). Il s'agit par exemple des emplois (fortement masculinisés) d'ouvriers de l'industrie et de l'artisanat, ou dans le secteur (fortement féminisé) du service à la personne accompagnant la surreprésentation des personnes âgées dans un grand nombre de ces territoires ;

- un manque de connaissance de la sphère familiale concernant les cursus universitaires, ce qui a aussi tendance à limiter le champ des investigations des jeunes ruraux qui n'ont pas une vision claire des filières en termes d'employabilité par rapport à leurs "débouchés".

Ce qui frappe également dans les études de terrain, c'est que l'orientation scolaire post-collège se fait souvent à travers un "choix collectif" qui permet aux jeunes ruraux d'arriver ensemble en ville et de récréer des sociabilités construites au village ou au bourg. De plus, choisir son orientation en fonction de ce que font ses pairs est, comme le montre la sociologue Sophie Orange (2009), une attitude typique des jeunes des classes populaires. Pour les élèves les moins dotés en capital scolaire et culturel, dont les familles maîtrisent difficilement les enjeux de l'orientation post-bac, la camaraderie est primordiale dans les choix. Ils privilégient alors une voie relativement moins méconnue, perçue comme à leur portée car plus proche socialement (choix de plusieurs amis, les aînés du coin sont passés par cette formation…) et ces formations sont situées "pas trop loin". Enfin, les études longues sont synonymes d'un déracinement durable car les probabilités de retour en milieu rural sont d'autant plus faibles que l'on est diplômé. À l'inverse, privilégier les études courtes, c'est cultiver l'espoir de rester vivre et travailler au pays, ou du moins, en milieu rural : "trois quarts des jeunes faiblement qualifiés sont toujours à la campagne trois ans après la fin de leurs études, pour seulement la moitié des diplômés du supérieur" (CEREQ, 2011).

C'est donc tout naturellement que les jeunes qui restent vivre et travailler en milieu rural sont moins qualifiés et d'origine plus modeste que ceux qui partent (par décision positive ou contre leur volonté) s'installer en ville.

La logique de massification de l'accès à l'enseignement supérieur favorise au final, en milieu rural, le départ des jeunes les mieux dotés socialement. C'est un défi pour le monde rural mais comment le changer? Une dernière caractéristique des parcours scolaires des jeunes ruraux en fonction de leur sexe est aussi à relever. Il existe nationalement un déséquilibre traditionnel selon lequel les filles se dirigent plus que les garçons vers les études générales. Ce déséquilibre est encore plus marqué dans les établissements ruraux (CEREQ, 2011). Dès lors, Benoît Coquard souligne que "ce phénomène a pour conséquence première d'accentuer la présence déjà majoritaire des jeunes femmes issues des milieux populaires en zone rurale. La norme des faibles salaires féminins, ou d'un taux d'emploi faible, s'impose d'autant plus, nous en faisons l'hypothèse, que les jeunes femmes diplômées, actives, sont moins nombreuses qu'ailleurs. Dans certains territoires appauvris, comme la Thiérache par exemple, la propension des jeunes femmes à avoir un enfant tôt tient au moins en partie au fait qu'elles vivent dons un fort entre-soi populaire, où le fait d'être mère est une manière d'acquérir une certaine forme de respectabilité."

En effet, les filles qui suivent des études générales ont tendance à s'installer en ville, tandis que celles qui restent sont les moins qualifiées scolairement. Cette féminisation actuelle de la poursuite d'étude en milieu rural doit aussi se comprendre à l'aune du manque d'emplois féminins. Pour Yves Alpe (*Sociologie de l'école rurale*, 2008), **l'un des grands enjeux pour les territoires ruraux se situe bien au niveau des filles qui investissent plus les cycles longs et qui de fait partent du monde rural sans y revenir, le privant ainsi d'une ressource essentielle pour son avenir.**

Ces analyses objectives et rigoureuses (profils des jeunes qui restent au village y compris le cas des filles) valident complètement les mécanismes d'entre-soi populaire décrits par Christophe Guilluy et montrent combien le monde rural est devant un défi considérable, lié à ses ressources humaines, dans la compétition mondiale qui se joue… un peu comme pour l'entreprise ! Benoît Coquard (2015) montre par exemple comment dans un département comme la Haute-Marne, la mixité sociale est nulle ou presque. Une certaine homogénéisation sociale fabrique une autre forme d'homogénéisation, celle des valeurs : l'emploi, l'accession à la propriété, fonder une famille… Les jeunes ruraux des classes populaires reproduisent des stratégies fondées par leurs parents, parfois à tort, en pensant par exemple qu'ils vont être embauchés dans la même usine que leur père qui y est entré sans diplôme, alors qu'aujourd'hui elle recrute des techniciens Bac + 2, parce que les technologies nouvelles exigent davantage de technicité.

Il met ainsi en avant ce "capital d'autochtonie" qui pousse le jeune en milieu rural à bâtir son avenir professionnel de proche en proche, par recommandations, par opportunités, par connaissances sans véritable plan de carrière. Cela se fait "comme ça" à travers le club de football ou les connaissances dans l'association de loisirs locale. Ce mécanisme a quelque chose de rassurant mais on en voit bien aussi les limites via un effet "territoire" qui fait qu'on revoit à la baisse ses ambitions scolaires et professionnelles en fonction de débouchés (très) locaux.

Yves Alpe (2014) fait aussi remarquer que l'attachement massif à leur territoire manifesté par les jeunes ruraux il y a encore 15 ans s'estompe progressivement. "Aujourd'hui, dès la 3e, les jeunes collégiens que nous interrogeons affirment catégoriquement qu'ils n'ont pas l'intention de pratiquer des métiers ruraux ou de travailler en zone rurale. Il faut voir là l'effet de la stigmatisation des territoires. Pendant des années on a pointé les territoires ruraux comme des déserts culturels où se concentraient la plupart des déficits sociaux. Cette rhétorique publique a fini par atteindre les élèves et leurs familles. Elle touche particulièrement les plus modestes." Dès lors, les jeunes des classes populaires peuvent percevoir leur territoire rural davantage comme un espace de contraintes que d'opportunités, ce qui a pour effet de dégrader durablement l'image qu'ils se font de leur territoire et d'influencer la façon dont ils vont envisager leurs projets de vie. **Tous ces éléments sont donc de nature à fragiliser le monde rural car ils le privent non seulement de compétences mais aussi d'énergie positive pour construire son développement. La puissance publique a, par son fort investissement sur l'école, permis de faire progresser ces populations, mais la nation est confrontée aujourd'hui à de puissants défis qui ne trouveront des réponses qu'après un diagnostic sans concession et avec un volontarisme politique affirmé.**

• Une ingénierie territoriale rurale en forte recomposition à la suite du désengagement de l'État

En complément du système scolaire rural, l'État a longtemps eu une forte présence territoriale qui constituait de fait une ingénierie publique au service des territoires ruraux et de leurs projets d'équipements, d'infrastructures et de services. Au-delà des questions liées à l'accompagnement financier par l'État, ses équipes qui accompagnaient les territoires ruraux ont quasiment disparu, laissant les élus locaux, les entreprises et autres associations devant un environnement chamboulé avec un sentiment d'abandon marqué. Depuis 2017, ce sentiment s'est accentué car au-delà des réductions en nombres, l'ingénierie publique notamment rurale souffre d'être considérée comme constituée d'opérateurs ne sachant pas conceptualiser. Le grand public se focalise souvent sur la défense de quelques services publics emblématiques, mais ce qui se joue sur le terrain de l'ingénierie est bien plus important pour l'avenir du monde rural.

Bien connue des élus locaux, l'ingénierie publique territoriale est une notion absconse pour le citoyen ordinaire.

Elle est pourtant une condition essentielle et même indispensable de l'exercice de l'action publique. Elle prend son essor lorsque la planification et l'aménagement du territoire changent d'approche. Là où ceux-ci étaient conçus au niveau central, de manière monolithique, la décentralisation fait du "territoire" le point d'entrée des politiques d'aménagement et de développement. L'ingénierie technique, qu'il est possible d'illustrer schématiquement comme la mise en œuvre de "plans d'équipements" par des ingénieurs des "Ponts et Chaussées" ou du "génie rural" par exemple, devient l'ingénierie territoriale. Cette terminologie peut ainsi se définir comme "l'ensemble des savoir-faire professionnels dont ont besoin les collectivités publiques et les acteurs locaux pour conduire le développement territorial ou l'aménagement durable des territoires" (définition proposée par le comité des directeurs pour le développement urbain).

La notion reste toutefois protéiforme, tant elle fait appel à des compétences et des outils différents. L'ingénierie territoriale continue dans un premier temps de se définir par une forte dimension technique : l'ingénierie territoriale se développe en premier lieu dans les domaines de la voirie, de l'éclairage public, de l'eau et de l'assainissement, de l'urbanisme et de la programmation urbaine.

Puis, progressivement, l'ingénierie territoriale tend à se développer autour d'une "chaîne intégrée d'ingénierie", où toutes les expertises nécessaires doivent être mobilisables au service d'un projet. Elle doit être capable de s'adapter à des besoins évolutifs et grandissants et à des contraintes sans cesse plus complexes et imposées d'en haut.

Non seulement l'inflation normative accroît souvent inutilement la complexité de l'action publique territoriale mais la contrainte financière et les attentes des citoyens imposent tout autant une "montée en compétences" permanente et ce, sur l'ensemble des territoires y compris les ruraux ! C'est en ce sens que l'ingénierie territoriale est un enjeu essentiel pour eux. **En effet, le degré d'expertise varie d'une collectivité à l'autre. Les plus petites d'entre d'elles, qui exercent pourtant les mêmes compétences, ne disposent jamais en interne, de moyens adaptés pour traiter l'ensemble des problématiques.** Au-delà de l'expertise elle-même, la notion d'ingénierie publique renvoie ainsi **aux enjeux d'équité et d'égal accès à l'expertise sur les territoires.**

Historiquement, les enjeux de l'ingénierie territoriale comprennent deux dimensions :

- le développement de l'expertise au sein même des collectivités ;

- la solidarité territoriale via la mise en place d'un appui à l'ingénierie pour les territoires les plus fragiles.

Certaines collectivités ont les moyens de se doter d'une ingénierie territoriale importante au service de leur développement (montage de projet, réponse à des appels à projet innovants...) alors que d'autres, disposant de faibles ressources, sont dépendantes de la solidarité territoriale qui n'est plus – et, nous le pensons, ne peut plus être – assurée par l'État. Et c'est là que les choses se compliquent pour les collectivités rurales ! **En difficulté de recrutement pour se doter en interne des compétences nécessaires pour les raisons évoquées ci-avant, elles doivent aussi faire face à un fort désengagement de l'État qui assurait historiquement cet appui.**

La loi MURCEF du 11 décembre 2001 (Mesures urgentes de réforme à caractère économique et financier) a théoriquement mis en place une ingénierie publique de solidarité envers les communes et intercommunalités qui ne disposaient pas de budgets suffisants pour y recourir par leurs propres moyens (expertise interne ou externalisée). Elles pouvaient ainsi bénéficier, par convention avec les services de l'État, d'un accompagnement dans la gestion des problématiques d'urbanisme, d'environnement, d'écologie et de prévention des risques.

D'une part, les communes de moins de 20 000 habitants pouvaient bénéficier d'un accompagnement de l'État dans l'instruction des autorisations d'urbanisme en vertu de l'application du droit des sols (ADS*). Toutefois, l'État s'est progressivement désengagé de ces prestations, ce qui a obligé les collectivités locales à s'organiser de manière autonome depuis le 1er juillet 2015.

Avec la loi pour l'accès au logement et à un urbanisme rénové, dite ALUR, du 26 mars 2014, seules les communes appartenant à des EPCI de moins de 10 000 habitants, continuent de bénéficier gratuitement de ces prestations. Et comme l'État regroupe les EPCI, ces derniers comptent bientôt tous plus de 10 000 habitants donc ils ne peuvent plus profiter de ce service délivré par l'État. La boucle est bouclée et l'État s'est désengagé de manière sournoise ! D'autre part, les prestations d'assistance technique de l'État pour des raisons de solidarité et d'aménagement du territoire (ATESAT), englobant l'assistance et le conseil à la gestion des marchés, des travaux de voirie et d'aménagement, constituent l'autre volet de l'ingénierie publique de solidarité orchestrée par l'État, mais la loi de Finances 2014 a acté sa suppression au 1er janvier 2014, ce qui a suscité de nombreuses inquiétudes dans les territoires et conduit à une profonde évolution de l'écosystème de l'ingénierie publique.

Le vrai-faux retour de l'État sur ces champs, annoncé via une directive nationale d'orientation sur l'ingénierie d'État 2016-2018 en date du 10 mars 2016, symbolise le comportement d'un État qui n'assume pas et veut "habiller" ce désengagement qui touche pourtant de plein fouet les collectivités rurales.

Ce désengagement de l'État a conduit un nombre croissant de départements, notamment en milieu rural, à développer une offre d'ingénierie territoriale. En 2011, le département de la Haute-Saône a été l'un des premiers à créer son agence technique au service des communes, des syndicats intercommunaux et des communautés de communes. La loi* dite NOTRe du 7 août 2015 a d'ailleurs reconnu le rôle de l'échelon départemental en la matière. Au titre de leur compétence en matière de "solidarité territoriale", l'assistance technique des départements aux communes a été confortée. Elle concernait jusqu'à présent les domaines de l'assainissement, de la protection de la ressource en eau, de la restauration et de l'entretien des milieux aquatiques ; elle a été élargie à la voirie, à l'aménagement et à l'habitat. Ces nouveaux champs d'intervention correspondent, de fait, à ceux sur lesquels l'État s'est désengagé en 2014.

L'appui technique des départements peut être exercé en régie par les services départementaux ou par des structures *ad hoc,* dénommées agences départementales et regroupant, avec le département, les communautés de communes, les syndicats intercommunaux et les communes. Elles sont en mesure d'apporter aux collectivités territoriales qui les sollicitent un accompagnement élargi, non seulement technique mais également "juridique ou financier". Le nombre d'agences départementales d'ingénierie a connu un véritable essor avec le désengagement de l'État : l'assistance sectorielle déjà mise en œuvre en régie par les départements a été regroupée et agrémentée d'une offre plus transversale, pour apporter aux territoires un guichet unique d'ingénierie de projets.

Les départements ne sont pas les seuls à avoir investi le champ de l'ingénierie publique. S'ils proposent un appui à l'ingénierie, nombreux sont les territoires qui ont cherché à développer leur propre expertise et ingénierie. Les "pays", structures en charge de projets de développement et d'aménagement infradépartementaux, ont été créés par la loi Voynet de 1999. Pour définir et mettre en œuvre ces projets, les pays ont développé une forme d'expertise. Résultat d'une coopération volontaire entre communautés et communes partageant des enjeux et problématiques communes d'aménagement du territoire, certains pays ont également été amenés à fonder une expertise interne, au service des communes et intercommunalités adhérentes. Les intercommunalités elles-mêmes se dotent aussi, progressivement, d'une ingénierie propre. Par leur proximité, les EPCI, à l'échelle desquels se construisent les projets de territoire, constituent un échelon privilégié pour accompagner les plus petites communes. L'instruction du droit des sols (ADS) est un des exemples de l'appui à l'ingénierie que peut apporter l'intercommunalité. Les prestations de services, voire la mutualisation au sein de services communs, se sont largement développées à la suite du retrait de l'État. **Intercommunalités et départements constituent aujourd'hui les piliers d'un nouvel écosystème, plus ou moins développé, de l'ingénierie publique.** Dans certains départements ruraux, il est embryonnaire. Dans d'autres, il atteint déjà une belle maturité et devrait continuer à prospérer dans les prochaines années. C'est un enjeu crucial.

Ce foisonnement des initiatives publiques entraîne parfois un risque de concurrence avec le secteur privé. Si les collectivités sont libres de se doter de leur propre ingénierie, les prestations proposées par une collectivité au bénéfice d'une autre relèvent trop souvent du champ concurrentiel. Aussi, l'intervention des agences d'ingénierie publique sur un marché concurrentiel a fait l'objet de critiques de la part des bureaux d'études privés. Ce secteur (via la fédération CINOV : fédération des syndicats des métiers de la prestation intellectuelle, du conseil, de l'ingénierie et du numérique) estime ainsi que la structuration de l'ingénierie publique représenterait un manque à gagner pour les TPE-PME de 7 milliards d'euros par an entre 2011 et 2017. Ce chiffre n'est pas convaincant et paraît très exagéré. La petite cinquantaine d'agences existantes ont des chiffres d'affaires qui n'ont rien à voir avec ces ordres de grandeur ! Par exemple, Ingénierie 70 réalise pour le département de la Haute-Saône, un chiffre d'affaires global d'un peu plus d'un million d'euros (dont 600 000 euros pour l'aménagement) en 2018 avec une vingtaine de salariés.

L'intervention des acteurs publics dans un secteur concurrentiel n'est pas nouvelle et doit être appréciée au regard de deux critères : le respect de la liberté du commerce et de l'industrie, le respect du droit de la concurrence. Face aux critiques émises par le secteur privé, nombreuses sont les agences à mettre en avant le besoin de territoires confrontés à une véritable carence de l'initiative privée, et aussi, mais plus marginalement, la solidarité au regard des moyens financiers mobilisables par les plus petites communes.

En effet, sans toujours contester l'existence d'une offre privée assimilable, les territoires ruraux et les collectivités de petite taille peuvent être empêchées, dans la réalisation de leurs projets, faute de réponses raisonnables des opérateurs privés à leurs demandes. Il est évidemment possible d'envisager des complémentarités entre ces deux formes d'ingénierie. La coexistence d'offres privées et publiques permet d'élargir le catalogue de prestations à disposition des territoires, l'ingénierie publique venant en soutien des plus petites communes et intercommunalités sur des opérations dont l'envergure est réduite et ne suscite pas l'intérêt de l'offre privée ou l'amène à renchérir de manière importante le coût de sa prestation.

Mieux, certains opérateurs privés expriment ouvertement leur satisfaction : l'offre d'ingénierie publique aiderait au contraire à structurer la commande publique des plus petites collectivités. Tel est particulièrement le cas de l'ingénierie publique en amont des projets : l'appui à la définition des besoins et à la rédaction des cahiers des charges permet à l'offre privée une meilleure compréhension des problématiques, et par conséquent améliore la qualité de sa réponse et de sa prestation. Des bureaux d'étude se réjouissent de la présence aux côtés du maître d'ouvrage d'une assistance à maîtrise d'ouvrage (AMO) publique d'une très grande utilité. Si l'articulation entre ingénierie publique et privée ne semble pas encore totalement stabilisée, un équilibre se dessine en milieu rural du fait principalement d'une carence réelle des offres privées sur de trop nombreux segments de la commande publique.

On voit bien que l'ingénierie publique territoriale, même si elle a permis la survie en milieu rural d'une forme renouvelée d'ingénierie sous l'impulsion politique de certains élus locaux à la suite du désengagement de l'État, n'arrivera pas totalement, dans ses formes actuelles, à faire face aux défis qui se posent aux territoires ruraux du fait du déficit structurel de matière grise qui les caractérise. Ce démantèlement de l'ingénierie publique initié depuis 20 ans de manière sournoise et non assumée par les différents gouvernements est un coup fatal donné au rural par la technocratie parisienne et jacobine.

La preuve par l'exemple : l'ingénierie "cosmétique" de l'État dans les territoires ruraux

Si la question n'était pas aussi importante, elle pourrait faire sourire. C'est par exemple le cas lorsqu'un récent Premier ministre expliquait qu'avec deux fois moins de fonctionnaires d'État dans un département rural comme la Haute-Saône, l'État allait faire plus car il serait plus agile. Hors ses missions régaliennes (sécurité, justice, défense) que personne ne lui conteste et qui sont indispensables, la présence de l'État dans un département comme la Haute-Saône se résume à une cinquantaine de fonctionnaires répartis entre la préfecture, la direction des territoires et au sein d'antennes départementales squelettiques des directions ou agences régionales, le tout avec très peu d'agents de catégories A. Nous avons donc sous les yeux, au quotidien, **depuis déjà plusieurs années, un État qui fait semblant d'administrer encore le monde rural mais qui ne dispose plus en réalité d'une capacité d'ingénierie suffisante pour accompagner les initiatives locales. Cela ne l'empêche pas de faire "comme si", ce qui est pire !** Un rapide tour d'horizon de cette présence dans les mots et de cette (in)capacité d'action plus cosmétique que réelle en est la parfaite illustration. Le cas des services déconcentrés de l'État sur des compétences transférées aux collectivités, souvent depuis très longtemps, est le parfait exemple d'une volonté du corps préfectoral de garder des moyens pour, au mieux, exister un peu, et pour, au pire, “contrôler ces collectivités qui font n'importe quoi !”…

Alors que le sport est une compétence partagée entre les différents niveaux de collectivité et que l'État ne participe quasiment plus financièrement sur ce champ, il garde à l'échelle régionale et à l'échelle départementale une organisation “jeunesse et sports”. Cette dernière change d'appellation tous les deux ans au gré des réformes mais les équipes (qui fondent comme neige au soleil) demeurent, avec un micro-budget, un directeur, des postes de secrétariat, des instructeurs… On pourrait multiplier les exemples de cet émiettement et de cette dilution des responsabilités dans les champs de l'enfance en danger, de la formation, de l'apprentissage, de l'emploi, de l'eau, de l'assainissement, des gestionnaires de collèges et de lycées… et s'en amuser. Mais pouvons-nous encore longtemps accepter les mauvaises raisons qui conduisent à cet immobilisme et à ces artifices ?

Les vrai-faux guichets uniques sont aussi une belle illustration de l'incapacité de l'État à mettre en pratique ses belles paroles. Alors que la notion de guichet unique (règles, pièces demandées, instruction, programmation et liquidation uniques) se développe entre les différents niveaux de collectivités – de manière encore trop lente à notre goût, c'est vrai – l'État ne le fait que très rarement, et, dans certains départements, jamais.

Selon l'appétence du préfet du moment, des accords sont trouvés pour aller plus ou moins loin dans la démarche, mais jamais jusqu'au bout de la logique qui génère des économies de postes, facilite la vie des porteurs de projets et permet d'améliorer la productivité, l'efficacité, la réactivité et la cohérence de l'action publique… des arguments que tous les présidents de la République adopteraient sans hésitation tant ils vont dans le sens des attentes des élus locaux, des entreprises, des associations, de nos concitoyens… et de leurs propos !

Les contrats ou les appels à projets où l'État recycle dans l'urgence des démarches existantes pour faire croire qu'il agit pour le monde rural sont aussi savoureux. Les contrats de ruralité de 2016-2017 sont les derniers exemples en date. Le CGET annonce fièrement dans son rapport d'activité 2017 que 450 contrats de ruralité ont été signés dans tous les départements ! Cela donne bonne conscience depuis Paris mais cela interpelle quand on sait qu'ils ont consisté dans la plupart des cas, à recycler les contrats existants dans l'urgence (en Haute-Saône, les contrats de développement PACT 2014-2019 entre le département et les communes de communes ont été recyclés avec notre accord). Une démarche contractuelle de ce type avec l'État devrait donner lieu à un diagnostic de fond partagé, à la définition d'une stratégie commune et à un plan d'actions où convergent les priorités de l'État et celles des principaux acteurs du territoire… mais les sous-préfets ne pouvaient mener ce travail en quelques mois ! On pourrait aussi citer les contrats de ville avec plus de vingt signataires et s'en amuser. Mais pouvons-nous encore longtemps accepter les raisons qui conduisent à cet immobilisme et à ces artifices ?

Il en va de même quand tous les présidents de région, dans une tribune du journal *Le Monde* du 24 avril 2018, dénoncent un "État qui est dans l'incapacité de porter des projets d'investissements vitaux pour nos territoires, qu'il s'agisse de mobilité (trains, routes, ports) ou d'énergies nouvelles (éolien, hydrolien)". Ils pointent ainsi comme illustration le retard catastrophique pris sur le volet transport des contrats de plan État-région (CPER 2014-2020) où l'État n'a engagé que 25 % des crédits prévus, conduisant chaque région à avancer sa part pour que les projets d'infrastructures indispensables ne prennent un retard trop important. On pourrait se féliciter de voir des collectivités plus rapides que l'État pour mener des travaux d'envergure. Mais là encore, pouvons-nous encore longtemps accepter les mauvaises raisons qui conduisent à cet immobilisme et à ces artifices ?

Nous sommes dans un cas de figure similaire lorsque s'accumulent les retards de paiement des aides européennes aux agriculteurs dus à la seule responsabilité de l'Agence de service et de paiement (ASP), l'opérateur de l'État imposé aux régions au moment de la décentralisation des fonds européens en 2014. Cette situation, liée à des choix d'ingénierie frappés du sceau du jacobinisme et de défiance de l'État vis-à-vis des régions, met tous les partenaires dans une grande difficulté et plonge dans une tension extrême le monde agricole déjà fortement sous pression. On peut minimiser les impacts et les relativiser, mais devons-nous encore longtemps accepter les mauvaises raisons qui conduisent à cet immobilisme et à ces artifices ?

Il en va de même lorsque l'État annonce son retour, évoqué plus haut, dans l'ingénierie territoriale qu'il avait délibérément abandonnée depuis des années à travers la directive nationale d'orientation sur l'ingénierie d'État dans les territoires publiée le 10 mars 2016. Cette dernière affiche une ambition claire, positionner l'État dans le rôle de l'expert, incitateur, facilitateur. Ses services déconcentrés seraient ainsi appelés à développer "une approche territorialisée des politiques publiques" pour aider les collectivités à élaborer et à suivre leurs projets de développement. L'État voit sa présence comme stratégique et ciblée pour "garantir la cohérence et la solidarité territoriale".

Pour ce faire, des "nouveaux conseils aux territoires" (NCT) seraient mis en place dans les services déconcentrés, qui devront poursuivre trois principaux objectifs : "l'aide à l'émergence de stratégies globales d'intervention ou de projets de territoires qui nécessitent d'articuler, de concilier entre elles plusieurs politiques publiques thématiques", "le soutien à la mise en œuvre de politiques publiques prioritaires et accompagnement de projets", et "l'appui méthodologique aux collectivités confrontées à des difficultés particulières" (précisions apportées par la note technique conjointe des ministères de l'Environnement et du Logement en date du 13 juillet 2016). Pour ce qui est de la Haute-Saône, nous n'avons toujours pas croisé de "nouveaux conseils aux territoires" (NCT), ni même entendu parler de leur existence… On pourrait s'en amuser – et peut-être s'en réjouir –, mais pouvons-nous encore longtemps accepter les mauvaises raisons qui conduisent à cet immobilisme et à ces artifices ?

Attardons-nous un peu sur la création mi-2019 (après des mois de discussions internes à l'État) de cette fameuse agence nationale de la cohésion des territoires voulue par le président de la République lors de la conférence nationale des territoires du 18 juillet 2017 ? Le monde rural se sent délaissé ? Alors, créons une agence chargée de lutter contre les fractures territoriales, ils n'y verront que du feu à grands coups de communication et d'annonces ! Sur le fond, nous ne croyons pas du tout à une quelconque efficacité de la part d'une agence nationale supplémentaire chargée de coordonner les différentes interventions de l'État. Comment l'État pourrait-il coordonner ses actions là où il n'agit déjà plus ? À quoi cela sert-il que l'État regroupe dans une superstructure l'ensemble des moyens dédiés aux zones en difficulté alors qu'il ne fait, en permanence, que recycler des moyens traditionnels ? Les derniers développements en 2019 devant le Sénat confirment cette situation où l'on va créer une agence qui fera doublon et qui finalement n'apportera rien ou si peu ! La frustration du monde rural est ainsi garantie et les parlementaires qui représentent ces territoires doivent veiller à ne pas servir de caution à ce type d'approche quand ils valident ce modèle.

Il faudrait certainement prévenir le président de la République et le Gouvernement qu'il n'y a pratiquement plus d'agents de l'État pour s'occuper de ces sujets en milieu rural et ce, depuis assez longtemps ! Sur la forme maintenant, on voit bien que malgré le discours présidentiel, cette agence arrive très difficilement à voir le jour ; sa création est sans cesse repoussée et elle aiguise les tensions au niveau des hauts fonctionnaires qui ne veulent surtout pas se voir absorbés (ANAH*, ADEME*, CGET*, CEREMA*...) dans un nouveau grand “machin” au service des territoires en difficulté ! On pourrait s'en amuser mais pouvons-nous encore longtemps accepter les mauvaises raisons qui conduisent à imaginer des solutions aussi peu opérationnelles ?

Enfin, comment ne pas terminer par une critique forte sur l'approche environnementale des services de l'État via le ministère du Développement durable (il change de nom au gré des gouvernements) et son bras armé dans les territoires : les DREAL (Direction régionale de l'environnement, de l'aménagement et du logement). Si les composantes “aménagement” et “logement” ne posent pas de problème, il n'en va pas de même pour la composante “environnement”. Issues du Grenelle de l'environnement en 2008, des équipes entières ont été montées en région sur les sujets environnementaux. C'était une excellente nouvelle car les territoires ont besoin d'être accompagnés pour relever les défis environnementaux. Après 10 ans de pratique, quelle déception !

Entre des agents – militants associatifs avant d'être agents publics de l'État –, des bureaux d'études privés nourris à grands coups d'études décidées par quelques-uns sans jamais déboucher sur des opérations concrètes, des agents électrons libres et moralisateurs avec les élus locaux et des procédures interminables, n'en jetez plus ! L'effet est dévastateur sur la mobilisation des territoires concernant ces questions. Par ailleurs, la conception environnementale française basée sur une approche dogmatique, culpabilisante et coercitive est dramatiquement contre-productive. Les changements permanents de réglementation et de planification sont également très déstabilisants pour les actions entreprises. Les exemples de *stop-and-go* trop fréquents sur l'énergie solaire ou les dispositifs de défiscalisation pour l'amélioration énergétique des logements sont très éclairants. Comment construire une stratégie territoriale si le modèle économique change tous les ans ? La France n'a pas non plus réussi à “industrialiser” les travaux d’économies d’énergies dans les logements privés. Même si les programmes financiers de l’ANAH (Agence nationale d’amélioration de l’habitat) sont assez bien dimensionnés, la fragmentation de l’ingénierie et des accompagnements publics entre l’État, les régions, les départements, les communautés de communes, les pays et une multitude d’organismes nuit à l’efficacité du dispositif. Le service public de l’efficacité énergétique devrait être confié au département en milieu rural seul à même de réunir compétences, proximité et moyens financiers à la hauteur de l’enjeu ! On pourrait s’en amuser mais pouvons-nous encore longtemps accepter cette situation inefficace, clivante et dépensière alors qu’il devrait y avoir un consensus national sur ces questions pour retenir la meilleure façon de les traiter !

Il ne s’agit là que de la stricte vérité. Elle dérange le pouvoir central et sa représentation dans les territoires, elle dérange aussi de nombreux parlementaires girondins le week-end et jacobins au milieu de la semaine, mais c’est la réalité.

Orientation stratégique : délimiter les contours d’une ingénierie d’un État recentré sur ses missions régaliennes et donner les moyens aux territoires ruraux de se doter de leur propre ingénierie intégrée

Quasiment tous les experts s’accordent à placer la matière grise comme facteur crucial de l’économie de demain et des défis qu’elle génère. Or, nous avons vu que le monde rural ne dispose ni des ressources humaines endogènes intrinsèques suffisantes, ni d’une ingénierie territoriale publique assez forte, notamment depuis le désengagement de l’État. Le tableau n’est pas idyllique, mais il a le mérite de poser un diagnostic sans concession (contrairement à l’État qui masque son désengagement) et favorise l’émission de premières orientations pour faire face à cette situation. Il ne faut pas tomber dans l'incantation vaine ou laisser croire à une baguette magique visant à faire déménager de force des bus entiers de jeunes actifs urbains bien formés pour les installer dans les campagnes ! Un long travail doit être effectué en profondeur, y compris sur l'image du monde rural, pour qu'il devienne attractif pour ce type de ressources humaines. Toutefois, il nous semble que deux axes forts d'évolution pourraient être arrêtés par la puissance publique et déclinés ensuite par des mesures concrètes.

Le premier axe est le plus structurel. Il touche au cœur même de l'action publique. Nous avons abordé le cas de certains services déconcentrés de l'État présents en territoire alors même que la compétence a été transférée parfois depuis très longtemps aux collectivités locales. Cela fait plusieurs années que cette idée pragmatique est portée via plusieurs rapports nationaux. En juillet2018, le rapport Cap 22 a encore repris cette mesure en préconisant que "l'État renonce complètement aux compétences qu'il a décentralisées" citant entre autres champs la jeunesse, le sport, la formation, l'aménagement… **Il est pour nous essentiel de procéder rapidement à ce toilettage comme une première étape d'une réorganisation de la répartition des rôles entre l'État et les collectivités, qui doit être beaucoup plus ambitieuse**.

Un consensus semble se dégager depuis une petite dizaine d'années au moins sur cette première étape. Alors, pourquoi la France n'a-t-elle pas fait ce choix plus tôt ? Chaque tentative est enterrée au niveau des ministères, parfois contre l'avis même du ministre en question. Au fond, l'État central et les hauts fonctionnaires d'État n'ont pas confiance dans les collectivités et les élus. Ce n'est pas d'aujourd'hui ! Déjà en 2009, Yves Krattinger accompagné de Claude Belot et Jacqueline Gourault intitulaient leur rapport sénatorial "Faire confiance à l'intelligence territoriale". Rien d'étonnant donc que dans le Gouvernement actuel, qui fait la part belle aux technocrates, la défiance envers les élus locaux soit grande. En plus, au-delà des effets d'annonce permanents, il apparaît aussi que l'État n'a plus le courage de mettre en œuvre les réformes structurelles nécessaires. Combien de sujets techniques, souvent difficiles à expliquer dans les détails à l'opinion publique, sont laissés en friche par peur de mobilisation syndicale et des postures dogmatiques et caricaturales de l'opposition politique du moment. L'État préfère alors, par exemple, ne pas supprimer vraiment un service, tout en conservant des bouts de services ou de dispositifs pour faire illusion, rendant ainsi l'action publique illisible et de plus en plus inefficace. Et pourtant, c'est là que se situent les vraies marges de progrès et d'efficience.

Afin d'éviter des réactions de blocage dans l'ombre des ministères ou des pseudo-réformes cosmétiques, nous pensons qu'il faut un débat qui vise à **délimiter une bonne fois pour toutes les contours d'un État qui se recentre sur ses missions régaliennes et qui passe un contrat d'objectifs clairs et responsabilisants avec les collectivités pour la mise en œuvre opérationnelle des autres champs de l'action publique.** Ce travail éminemment politique au sens premier du terme pourrait déboucher sur d'autres transferts mais peut-être aussi par la recentralisation de quelques compétences touchant au régalien. Cela impliquerait d'être innovant, inventif et de prendre des risques. Deux principes de base pourraient être érigés :

- tout ne peut se faire qu'à dépense totale au mieux constante (maîtrise de la dépense publique) ;

- que les moyens humains affectés par l'État aux compétences transférées soient aussi transférés au sein des collectivités au niveau utile, pour atteindre prioritairement un taux plancher d'agents de catégorie A ou B+ dans les territoires ruraux.

En complément de cette mobilisation, via un redéploiement volontariste des ressources humaines de l'État au profit des collectivités locales notamment rurales, le deuxième axe d'évolution consiste à **permettre, au niveau réglementaire, à chaque territoire rural d'organiser selon ses besoins sa propre ingénierie intégrée.** Le dialogue et la recherche de complémentarité doivent permettre de dépasser les concurrences institutionnelles stériles.

Cela implique en premier lieu d'adopter une définition large des champs de l'ingénierie territoriale en milieu rural, sans se limiter aux anciens périmètres techniques, **pour en faire une compétence partagée, reconnue par la loi, qui affirmerait son caractère de service d'intérêt général, dans une visée de solidarité territoriale.** Dès lors, cette base peut permettre des évolutions concrètes visant à :

- construire en milieu rural des **outils nouveaux juridiquement avec un objectif de "réseaux horizontaux"** y compris avec les acteurs privés via des conventionnements (chartes, etc.), des catalogues de services mutualisés (holding, etc.), la cartographie des compétences mobilisables en matière d'ingénierie sur un territoire donné, pour identifier les carences et les complémentarités et ainsi anticiper, par une gestion prévisionnelle des emplois, des effectifs et des compétences (GPEEC) à l'échelle d'un territoire, les nouveaux besoins, les départs à la retraite, les recrutements nécessaires, les possibilités de mobilités professionnelles ;
- faire **monter en compétence** les acteurs ruraux en formant davantage les cadres administratifs à un socle de connaissances-compétences spécifiques aux territoires ruraux (diagnostic, conduite de projet de développement, prospective, mobilisation des acteurs) et en mobilisant aussi le levier de la formation des élus avec des plans de formation dédiés ;
- faciliter **les mobilités et les parcours** aujourd'hui beaucoup trop cloisonnés des agents entre les différentes fonctions publiques, entre collectivités, avec la sphère privée, avec l'enseignement supérieur, y compris pour les futurs hauts fonctionnaires d'État qui devraient, avant d'accéder aux plus hautes responsabilités, avoir exercé un temps suffisant (au moins 5 ans) au sein des collectivités rurales pour se confronter à l'action réelle et ne pas faire seulement du contrôle et de l'inspection.

Pour les professionnels rompus à l'action publique, notamment dans le monde rural, ces orientations sont assez largement partagées et nourrissent quotidiennement les échanges. Mais il n'en est pas de même lorsque l'on en parle à Paris dans les ministères, dans les associations d'élus ou que l'on essaie de sensibiliser le grand public. Dès lors, l'enjeu est de faire porter cette voix par une force territoriale bien souvent trop dispersée et pas assez mobilisée sur des enjeux structurels communs. Sur la base de ces deux axes d'évolution, **nous imaginons ce que pourraient apporter une quarantaine de cadres A et B+ dans un département comme la Haute-Saône en complément des effectifs actuels. Le levier permettrait de disposer d'une force de frappe exceptionnelle… le tout pour environ 3 millions d'euros par an (qui sont actuellement dépensés beaucoup moins efficacement). Si on projette de reproduire cette approche sur la petite cinquantaine de départements ruraux, notre pays est-il prêt à cet effort qui est finalement tout à fait soutenable financièrement ?**

UN PREMIER ÉLECTROCHOC RAPIDE VIA "UN BOUQUET DE MESURES" POUR PRÉPARER DES CHANGEMENTS PLUS PROFONDS

Les quatre pathologies majeures identifiées précédemment demandent une prise de conscience et une action sur le temps long permettant de les surmonter, si tant est que la volonté politique soit présente, tant au niveau des décideurs nationaux, que des acteurs ruraux eux-mêmes. Toutefois, il est possible de répondre aux enjeux que nous avons identifiés par la mise en œuvre rapide d'un ensemble de mesures chocs qui créeraient les conditions de profonds changements. Au-delà de leurs résultats concrets, tout en prenant en compte le contexte budgétaire contraint, l'application de ces mesures permettrait de redonner rapidement confiance aux acteurs du monde rural et d'envoyer un message aux populations de ces espaces qui se sentent délaissées ou maltraitées. Ces propositions ne constituent pas un programme de développement, un plan Marshall ou un Grenelle pour l'avenir du monde rural (toujours un pur effet d'annonce) mais une approche pragmatique permettant de donner un sens, un chemin construit sur des avancées pratiques pour aller vers les évolutions profondes et indispensables identifiées précédemment.

Onze mesures chocs sur des thèmes essentiels, dont une série peut être réalisée très rapidement, avec un fort effet de levier, sont à mettre en œuvre. Elles ne sont pas présentées ici de manière hiérarchisée mais forment un bouquet de mesures pratiques, simples et complémentaires.

MESURE 1 - “INSTITUTIONS” : TRANSFORMER PROGRESSIVEMENT LE DÉPARTEMENT RURAL EN FÉDÉRATION DES COMMUNAUTÉS DE COMMUNES POUR AFFERMIR UNE GOUVERNANCE DES POLITIQUES PUBLIQUES

Alors que le Gouvernement planche sur les fusions métropoles/départements, il faut apporter une réponse ambitieuse et non défensive pour le monde rural. Si ce dernier ne revoit pas en profondeur ses fondements et son organisation administrative, le modèle actuel va souffrir énormément. Pire, et c’est très grave, le monde rural ne sera pas en mesure de répondre aux défis de demain. Il est du devoir des acteurs ruraux de porter une ambition politique forte et argumentée pour faire face aux quatre pathologies que nous avons exposé précédemment. En effet, en l’état actuel de nos organisations, on peut se poser plusieurs questions : quelle réponse institutionnelle apporter aux “morceaux” de territoires ruraux qui formeront les nouveaux départements amputés de leur métropole ? Quelle mise en œuvre de l’égalité réelle entre territoires infra-départementaux ? Quelles structures et quelles organisations rurales pourront embaucher et rémunérer des cadres et des ingénieurs de haut niveau en concurrence avec des collectivités urbaines et leur proposer des carrières attractives ? Quel accompagnement proposer pour accélérer la construction d’une intercommunalité renforcée qui réalise de nombreux équipements et propose un large bouquet de services ?

On voit bien que pour répondre à ces enjeux notre modèle rural institutionnel actuel est à l’étroit. C’est un corset qui empêche de se mouvoir de manière agile et réactive. **Nous proposons donc que le département (au sens institution) évolue progressivement (à un horizon de 10 ans) en milieu rural vers une fédération des communautés de communes (et de la**

communauté d'agglomération quand il y en a une). Cet objectif politique fort à moyen terme doit conduire à clarifier les organisations, à faire converger les différentes politiques publiques, à définir le "qui fait quoi ?" et à mutualiser un certain nombre de moyens de plus en plus rares. Cette ambition va au-delà du Pôle d'équilibre territorial (PETR) créé en 2014 pour regrouper plusieurs EPCI sous la forme d'un syndicat mixte car les compétences à partager seraient larges et solides (a minima celles du département actuel mixées avec certaines compétences communautaires). Pour nous, l'entité départementale nouvelle doit absolument répondre aux défis qui se posent au territoire départemental et ses habitants. Les hautes sphères parisiennes politiques, intellectuelles et médiatiques ont dans le viseur depuis de longues années les conseils généraux désormais départementaux. Ce n'est pas un changement de nom, un petit relookage ou des campagnes de presse pour se défendre qui régleront le problème. Il faut changer de paradigme. Notre proposition va dans ce sens. Le conseil départemental existera s'il fédère l'action publique du département et celles des communautés de communes.

Sur la base de cet objectif assumé et connu à 10 ans, nous proposons d'avancer **vers cette cible par étapes**. L'exemple des fusions de régions faites à la va-vite pour contenter la sphère médiatique le prouve. Il faut préparer le terrain, partager des objectifs communs, prendre en compte des spécificités, rassurer, convaincre, décider et mettre en œuvre. À titre d'exemple, depuis 2008, nous avons développé à la tête du département de la Haute-Saône le concept de "département fédérateur des communautés de communes" à travers les cinq démarches complémentaires et progressives suivantes :

- La constitution, l'animation et le financement d'un réseau départemental d'agents de développement des communautés de communes : dès 2004, le département a pris en charge une partie des salaires des agents de développement et a constitué un réseau professionnel. L'objectif était de favoriser les échanges pour rompre l'isolement de cette catégorie de personnels qui était soumise à un roulement important. Par ailleurs, le fait que le conseil général anime ce réseau et mise sur ce type d'ingénierie pour élaborer les programme locaux de développement puis les mettre en œuvre a permis de légitimer le profil "développeur" et pas seulement celui de gestionnaire de l'intercommunalité. De plus, cela a permis de faire reconnaître leur activité spécifique et de revendiquer un statut en conséquence au sein de la fonction publique territoriale, gage de stabilité essentielle pour ce volet technique de l'intelligence territoriale. Le réseau offre à ces agents la possibilité de réfléchir aux politiques publiques, de bénéficier d'une approche méthodologique robuste et d'établir le lien aussi bien entre eux qu'entre ces derniers et les différents acteurs départementaux.

- La conférence départementale des exécutifs : par délibération du 25 juin 2010, le conseil général l'a créée pour formaliser un dialogue constructif entre le département et les communautés de communes à un rythme régulier (2-3 fois par an soit 18 fois depuis sa création). Elle réunit, sous la présidence du président du conseil départemental, les présidents de communautés de communes, tous les élus du conseil départemental, les directeurs des communautés de communes et ceux des services du département.

Quatre objectifs sont poursuivis : consolider les relations déjà fortement établies entre le département et les communautés de communes ; partager des constats et des enjeux sur les thématiques communes ; lancer des travaux communs de réflexion visant à éclairer collectivement les décisions, mutualiser et capitaliser les expériences ; contribuer à faire évoluer certaines interventions du département en direction des communautés de communes.

Son fonctionnement est guidé par un ordre du jour précis et basé sur des documents de synthèse préparés en amont par les services, en lien le cas échéant avec les agents de développement des communautés de communes. Au cours de chaque conférence, un retour est effectué sur les travaux et réflexions engagés lors des conférences précédentes. Chaque conférence fait l'objet d'un compte-rendu envoyé à tous les participants. Cette formalisation fait suite à plusieurs années de pratiques de concertation : rencontres mensuelles du président du conseil départemental dans les territoires, journées départementales de l'intercommunalité qui permettent à de nombreux élus d'échanger sur l'avenir…

- Les contrats de territoires : le département de Haute-Saône en est à sa troisième génération de contrats avec toutes les communautés de communes : APPUI 2004-2006, APPUI+ 2007-2013 et PACT 2014-2019. Ces contrats entre le département et chaque communauté de communes permettent de partager un diagnostic territorial, de fixer un objectif stratégique avec des axes et un plan pluriannuel d'actions qui répondent à la fois aux priorités départementales mais aussi aux spécificités locales. Un programme financier spécifique a été dégagé pour doter ces actions de moyens importants.

- "L'intercommunalisation" de plusieurs politiques départementales : sur une dizaine d'années, le département a progressivement fait évoluer un certain nombre d'interventions financières au profit des communautés de communes plutôt qu'aux communes (éligibilité stricte ou prime à l'intercommunalité), tout en gardant un régime d'intervention auprès des communes sur des champs qui leur sont propres.

- La construction de structures communes : le département a créé des outils partagés avec les communautés de communes :

pour l'aménagement numérique, le Syndicat mixte Haute-Saône numérique a été créé en 2013 ;

un système d'informations géographiques commun au département et aux communautés de communes est en construction;

pour le développement touristique, un établissement public à caractère industriel et commercial (Destination 70) a été créé;

pour l'immobilier économique, une société d'économie mixte (Action 70) a été reformatée en 2017;

pour l'insertion et l'emploi, un groupement d'intérêt public (Insertion 70) a été construit en 2016;

pour l'aménagement, un établissement public foncier en 2015 et en 2018 une société d'économie mixte (SEDIA) ont été ouverts aux communautés de communes;

sans oublier une agence technique (Ingénierie 70) en charge de la voirie, l'assainissement, l'eau, GEMAPI (rivières et inondations), l'instruction du droit des sols et l'informatique pour les communautés de communes mais aussi les communes et les syndicats intercommunaux, a été créé en 2011 ; il faudra y ajouter une société publique locale commune au département et aux communautés de communes courant 2019 dans les champs de l'aménagement et de la construction d'équipements publics structurants;

pour la culture, un syndicat mixte de l'école départementale de musique qui existe depuis une trentaine d'années a été ouvert largement aux communautés de communes ces dernières années; une agence départementale (Culture 70) conseille les communautés de communes dans leurs engagements culturels et organise des événements en lien avec elles.

Il convient de continuer à s'inspirer de cette approche: réunir les élus, animer les réseaux de techniciens: bâtir des outils communs, partager des politiques communes... Un jour la question sera posée de confondre les présidents ou présidentes de communautés de communes élu(e)s au suffrage universel direct avec les conseillers et conseillères départementaux suivant des modalités qui restent à définir.

Nous avons conscience de transgresser les raisonnements et postures actuelles avec une telle approche. L'État jacobin ne voit pas les choses ainsi et le tissu rural pas beaucoup plus, pourtant l'avenir du monde rural nous semble devoir s'inscrire dans cette direction. Pour donner du corps "institutionnel" à l'objectif d'un département fédérateur des communautés de communes à l'horizon 10 ans, la notion de **solidarité territoriale** issue de la loi* NOTRe de 2015 ouvre des perspectives. Malgré la suppression de la compétence* générale, la loi NOTRe reconnaît un système de subsidiarités dans lequel l'action des collectivités, et notamment celle des départements, serait principalement agencée autour d'une complémentarité rendue possible par le jeu de mécanismes subsidiaires, sur le fondement des compétences attribuées. À cet égard, les départements interviennent financièrement et à titre de soutien lorsque les communes et groupements en ressentent le besoin, s'agissant des actions visant à promouvoir "les solidarités et la cohésion territoriale sur le territoire départemental, dans le respect de l'intégrité, de l'autonomie et des attributions des régions et communes". Le département peut être autorisé "pour des raisons de solidarité et d'aménagement du territoire" à mettre "à la disposition des communes ou des EPCI qui ne bénéficient pas de moyens suffisants pour l'exercice de leurs compétences dans le domaine de l'assainissement, de la protection de la ressource en eau, de la restauration et de l'entretien des milieux aquatiques, de la voirie, de l'aménagement et de l'habitat, une assistance technique dans des conditions déterminées par convention".

Depuis, les départements ont considéré la compétence "solidarité territoriale" de manière large car elle n'était pas définie de manière précise. Si le législateur n'a pas jugé bon de donner une définition, on pouvait légitimement penser qu'il reviendrait à chaque département de tracer les contours de cette compétence en fonction de ses propres réalités. C'était là une position de bon sens, mais pas "la bonne" puisque les instructions rédigées par l'administration centrale "n'encouragent" assurément pas une telle interprétation, notamment au regard de leur dimension hautement descriptive. Les premières décisions administratives ont confirmé cette approche très restrictive de la répartition des compétences. Toutefois, plusieurs affaires ont permis d'infléchir cette interprétation stricte ce qui permet progressivement de rapprocher la notion de solidarité territoriale du principe d'équité en matière d'action publique et de la notion d'attractivité du territoire départemental.

Il ressort des décisions qui découlent de différents recours administratifs qu'un chemin est possible dans la reconnaissance de davantage de marges de manœuvre aux départements. Nous proposons donc que, pour atteindre notre cible, le chemin passe **par une articulation entre la compétence "solidarité territoriale" et le principe de "subsidiarité" figurant à l'article 72 de la Constitution. C'est à partir de ce socle qu'il faut étoffer l'intérêt départemental partagé. Il trouverait alors son essence dans l'émergence de solidarités territoriales suscitant un aménagement plus unifié du territoire départemental**. Dès lors, malgré la suppression de la clause de compétence* générale, les départements pourraient participer de façon autonome à l'identification de leur intérêt local quand il y a carence d'initiative des autres niveaux de collectivités. Cela permettrait ainsi de préserver toute la force de l'action départementale qui s'est toujours agencée principalement, lorsqu'elle était fondée sur la clause de compétence générale, autour du soutien aux initiatives des collectivités de taille inférieure.

C'est en militant pour la mise en pratique du concept de "solidarité" que des chemins doivent s'ouvrir pour rebâtir une organisation rurale ambitieuse et efficace. De tels mécanismes ont été mis en œuvre pour la création de métropoles par la technostructure parisienne, pourquoi le monde rural ne pourrait-il revendiquer un traitement et finalement même une respiration spécifique ?

MESURE 2 - "FINANCES" : ABOUTIR PAR ÉTAPES EN 2025 À UNE ÉGALITÉ RÉELLE DES RESSOURCES AFFECTÉES PAR L'ÉTAT AUX COLLECTIVITÉS PAR L'ATTRIBUTION DE MOYENS ÉQUIVALENTS AUX CITOYENS RURAUX ET AUX CITOYENS URBAINS, ET CONFIER AUX DÉPARTEMENTS LA MISSION DE RÉPARTIR LA DOTATION D'ÉQUIPEMENT DES TERRITOIRES RURAUX (DETR*)

Avec la baisse des dotations de l'État, la question des ressources des collectivités locales notamment rurales a fait son apparition dans le débat public. Il n'y a qu'à lire, dans la presse locale, les comptes rendus de conseils municipaux, départementaux ou régionaux ou bien encore ouvrir les magazines d'information aux habitants publiés par les collectivités, pour en prendre connaissance.

Est-ce choquant que l'État demande, via une baisse de ses dotations ou plus récemment par un mécanisme de contractualisation, une maîtrise des dépenses publiques ? Bien sûr que non ! C'est même nécessaire au regard de la situation financière de notre pays. Dans leur grande majorité, les élus n'ont pas combattu publiquement sur le fond cette situation, nos concitoyens partageant cette approche sans en mesurer, il est vrai, les conséquences pratiques. En revanche, ce qui a explosé au grand jour et qui est en train de faire des ravages dans l'opinion, **c'est l'application mécanique, technocratique et sans discernement de cette "diète"**.

Elle crée un sentiment de soupçon et d'injustice dans les territoires, qui s'est matérialisé pour partie au début du mouvement des "gilets jaunes". Bien sûr, chacun pense que les économies sont à faire par le voisin, mais il est clairement apparu ces derniers mois un sentiment de décrochage au niveau des ressources financières pour les territoires les plus fragiles, aux premiers rangs desquels les territoires ruraux. Le tout est aussi alimenté par une fiscalité locale illisible, un "ras le bol fiscal" de nos concitoyens et sans cesse plus de charges imposées par le niveau national. L'action publique locale, notamment en milieu rural, connaît donc un trou d'air qui amplifie la constitution d'un "tiers-monde rural" qui ne dispose pas ou plus des ressources minimales pour se battre dans la compétition mondiale ! Le problème est aussi qu'une sémantique "anti-impôts" s'est imposée. Or, un impôt local qui nourrit des dispositifs ou des équipements concrets pour les habitants et usagers est nécessaire.

Cette situation donne aussi des arguments pour les déclinistes de tous genres qui magnifient "le village d'antan" et le repli des villages sur eux-mêmes au détriment d'une ambition intercommunale affirmée et d'une solidarité territoriale réelle. Comment leur donner tort aujourd'hui, tant les différences de ressources entre collectivités se sont aggravées au détriment des territoires les plus fragiles. Le dernier rapport Richard-Bur (Mission finances locales : rapport sur la refonte de la fiscalité locale, 2018), qui a étudié, à la demande du Gouvernement, la suppression de la taxe d'habitation, pointe cette situation en précisant que la péréquation* des ressources locales doit aussi être revue en profondeur au regard "des différences profondes de ressources qui fragmentent les collectivités et fragilisent la décentralisation". Le rapport convient aussi qu'il ne faut pas "susciter de nouvelles divergences de richesse" car "la réalité sociologique et géographique du pays pèse en défaveur de l'équilibre des territoires".

À la demande des départements ruraux et dans la perspective de réformer le système de péréquation, l'assemblée des départements de France a aussi réalisé en 2018 une étude sur la richesse réelle des territoires en créant un indicateur de richesse fiscale net de la péréquation horizontale et des allocations individuelles de solidarité. Il est très éclairant d'identifier que sur les 46 départements sur 101 qui sont en dessous de la moyenne, il y a :

- 5 départements d'outre-mer sur 5 ;
- 23 départements ruraux de faible densité sur 26 ;
- 17 départements ruraux intermédiaires sur 23 ;
- 8 départements urbanisés en partie sur 24 ;
- 3 départements très urbanisés sur 23.

Il y a donc bien un sujet d'inégalités de ressources des collectivités rurales ! Comment le nier ? Ce sujet devient central entre l'État et les collectivités mais également pour les collectivités entre elles. La fiscalité locale vise surtout à établir un lien clair et direct entre les citoyens et les collectivités, elle ne peut avoir pour objectif une fonction redistributive qui relève plutôt du niveau national avec l'impôt sur le revenu. **Mais quand même, la fiscalité locale n'est pas conçue pour aggraver les inégalités entre collectivités territoriales pour lesquelles on constate de très grands écarts de richesse.**

Citons juste un exemple concret pour illustrer notre propos. Les mécanismes de péréquation horizontale entre les départements ont été multiplié par 4 entre 2012 et 2017, de 579 millions d'euros à 2,147 milliards d'euros. C'est en soi une bonne chose, la péréquation s'accentue ! Oui, mais à qui profite-t-elle ? Le département de la Haute-Saône, dont on a vu qu'il disposait des plus faibles ressources par habitant des départements de sa strate, a vu son montant de péréquation horizontale multiplié par… 2 entre 2012 et 2017 (de 5,3 à 10,1 millions d'euros). Cherchez l'erreur ! Un premier pas a été franchi fin 2018 avec 250 millions d'euros prélevés sur les recettes des droits de mutation à titre onéreux perçus par les départements (DMTO*) et répartis entre eux sur des critères de richesse réelle des territoires, cette orientation doit absolument se confirmer et s'accentuer progressivement dans l'avenir.

Ce système actuel génère le "RSA* des territoires" avec un monde rural qui survivrait avec des dotations "royalement" concédées par le pouvoir central, qui coûtent trop cher à la nation, mais qui achètent son silence ! Nous proposons donc de revenir à des mécanismes simples, lisibles et visant l'égalité réelle. Évidemment, cela ne peut s'effectuer de manière brutale. Il faut privilégier, comme le préconise le rapport Richard-Bur, "une fiscalité plus juste *a priori* afin d'éviter de mettre en œuvre des mécanismes péréquateurs lourds et complexes qui rectifient, *a posteriori* et de manière imparfaite, la diversité des situations ainsi que les disparités sociales et territoriales". **Il convient donc, dans le cadre de la réforme de la fiscalité locale initiée par la suppression de la taxe d'habitation voulue par le Gouvernement, d'intégrer dans le débat l'enjeu des ressources pour les collectivités rurales, avec l'objectif en 2025 qu'un citoyen rural et un citoyen urbain "pèsent" de manière très voisine dans les ressources affectées à l'ensemble des collectivités (dotations et panier de fiscalité locale).**

Une porte est ouverte, c'est un enjeu national ! L'État ne peut renvoyer à d'obscurs mécanismes de péréquation, *a posteriori,* entre collectivités de même niveau, à des contrats de réciprocité urbain-rural ou à des mécanismes consistant à ponctionner 1 % de la valeur produite dans les métropoles et la reverser aux zones rurales. Pourquoi ? Premièrement, les associations de collectivités ont fait la preuve, et c'est bien dommage, de leur relative incapacité à élaborer des mécanismes de péréquation horizontale efficaces et justes. Les deux dernières années ont par exemple mis en lumière au niveau des départements cette grande difficulté collective à trouver un accord bien que, il faut encore le souligner, la fin de l'année 2018 semble marquer une prise de conscience collective même si elle ne rassemble pas tout le monde. Deuxièmement, il faut dégager une matrice cohérente entre les ressources de base, dotation et panier de la fiscalité locale, et l'ampleur objective des besoins de la population habitant dans le ressort géographique de la collectivité.

Aujourd'hui, le rapport Richard-Bur montre bien que cette cohérence est loin d'être assurée en soulignant que "les collectivités et intercommunalités les plus pauvres font parfois face aux charges objectives les plus élevées". Des mécanismes de péréquation pourront exister à la marge pour corriger quelques écarts, mais les collectivités rurales ne peuvent être renvoyées uniquement à cela pour relever les défis qui sont devant elles.

Est-ce impossible ? Un regard rapide en Europe montre que non ! Le système de péréquation général suisse, établi en 1958 et réformé en 2008, est à ce titre très instructif. Sans entrer dans les détails de ce système fédéral, il repose sur deux dispositifs financés par le gouvernement fédéral : un fonds de péréquation des recettes devant permettre à chaque canton d'atteindre une dotation minimale par habitant de 85 % de la moyenne et un fonds de péréquation des coûts qui compense les charges excessives de certains cantons confrontés à des contraintes topographiques, démographiques ou sociales pénalisantes. Par ailleurs, chaque canton met en place son propre système de péréquation concernant les communes placées sous sa juridiction. Cet exemple de péréquation est à méditer à plus d'un titre car il concerne les recettes, mais aussi les coûts objectifs à la charge des territoires et il impose le principe d'une péréquation infra-cantonale sans en fixer les règles qui sont l'affaire des acteurs locaux. C'est vers ce type d'approche qu'il conviendrait de tendre pour régler, selon nous, la question des inégalités devant la ressource qui pénalise un nombre important de collectivités rurales.

Par ailleurs, l'État ne doit pas conserver des moyens financiers et humains (voir mesure 3) là où les collectivités sont compétentes. Une mesure très simple et rapide consisterait **à confier aux départements ruraux la dotation d'équipement des territoires ruraux (DETR) afin de faire effet levier entre les aides du département et celles de l'État à destination des projets d'investissements des communes et intercommunalités.**

Nul besoin de s'épuiser à créer un guichet unique (règles, dossier, instruction, versement unique) avec l'État : les crédits seraient fusionnés pour permettre de concentrer les moyens sur les projets locaux structurants tout en réservant une partie de ces fonds pour des projets plus locaux – toutefois définis dans un cadre intercommunal affirmé afin que joue la solidarité entre les territoires infra-départementaux. La commission d'élus qui fixe actuellement les types d'équipements subventionnés par la DETR, continuerait à participer aux choix des objectifs et le préfet, sur la base d'un rapport rédigé par le département, pourrait vérifier que ces objectifs sont respectés.

Pour le grand public, cette approche apparaît comme porteuse de bon sens mais dans la réalité et malgré de multiples essais – pour certains réussis avec la région, et parfois temporairement avec l'État si le préfet l'accepte – nous n'avons jamais réussi à construire un réel guichet unique avec l'État dans le département, non pas pour des raisons d'efficacité mais en raison de la volonté de l'État de garder un bout de pouvoir au plan local.

Nous avons bien conscience de la réalité financière de notre pays et de la quasi-absence de marges. Aucun gouvernement ne pourra débloquer un paquet de milliards pour le monde rural. Ce ne serait d'ailleurs pas souhaitable car il faut surtout des mesures pour libérer le monde rural et lui faire confiance. En clair, avoir une ambition nationale forte pour ces territoires et énoncer un objectif d'égalité réelle en cohérence avec l'ampleur objective des besoins de la population rurale. Cela demande un débat de fond avec l'opinion publique. Si, le pays en est capable, alors l'État pourra être exigeant avec les collectivités rurales pour l'atteinte de ces objectifs, ce qui est quand même plus valorisant que l'infantilisante contractualisation financière proposée par l'État aux "grosses" collectivités en 2018 !

MESURE 3 - “INGÉNIERIE” : DOTER LES TERRITOIRES RURAUX D’UNE INGÉNIERIE INTÉGRÉE SOUS LA DIRECTION DES COLLECTIVITÉS VIA UN CADRE RÉGLEMENTAIRE SUR-MESURE ET COMPLÉTÉ PAR L’INCORPORATION D’AGENTS DE L’ÉTAT

Nous faisons de la matière grise en milieu rural un enjeu essentiel pour son avenir. Pour cela, nous défendons une approche volontariste et pragmatique de cet enjeu peu identifié par le grand public, mais tellement important pour faire face aux quatre pathologies exposées précédemment. Par exemple, le débat sur le maintien ou non des petites communes ne se pose pas uniquement sur le plan financier ou en termes de représentation républicaine. Il tourne surtout autour de leurs capacités techniques à mettre en œuvre des politiques publiques. La construction d’une solide intercommunalité de services en milieu rural requiert aussi une ingénierie de bon niveau. L’émergence d’un “tiers-monde rural” est également la traduction d’un manque structurel de compétences et par voie de conséquence d’ambitions en milieu rural.

Alors comment agir sur ces sujets qui demandent du temps ? Quels leviers activer ? Nous pensons en premier lieu que l’État doit arrêter de faire semblant de conserver une ingénierie en milieu rural sans en avoir les moyens financiers et de management. Il doit maintenant permettre aux collectivités rurales de s’organiser de manière souple pour prendre définitivement le relais.

Le grand débat national qui s’ouvre à la suite du mouvement des “gilets jaunes” devrait aussi traiter de ces questions pour délimiter, une bonne fois pour toutes, les contours d’un État qui se recentre sur ses missions régaliennes et qui passe un contrat d'objectifs clairs et responsabilisants avec les collectivités et leurs élus chargés de la mise en œuvre opérationnelle des autres champs de l'action publique (hors missions régaliennes). Les dernières approches gouvernementales semblent aller dans ce sens, mais il convient d'associer les collectivités à ces réflexions et ne pas seulement réfléchir à l'intérieur de l'appareil d'État, en vase clos. En effet, **si l'État vient à redéfinir ses interventions, cela ne veut pas dire que ces dernières ne doivent plus être mises en œuvre en direction de nos concitoyens mais qu'elles doivent s'organiser autrement.**

La tenue d'un tel débat de fond prendra du temps. C'est pourquoi nous proposons une première avancée assez simple à délimiter, à expliquer et à mettre en œuvre. Il s'agit de **supprimer les doublons entre les services déconcentrés de l'État présents dans les territoires alors même que les compétences ont été transférées, parfois depuis très longtemps, aux collectivités locales**. Sur cette base ainsi simplifiée, quatre dispositions concrètes pourraient être prises en direction des territoires ruraux :

- 1re disposition : il conviendrait d'abord d'affecter au sein des collectivités rurales une partie des agents de l'État qui travaillent en 2019-2020 sur les compétences doublonnées définitivement transférées aux collectivités locales (sport, culture, logement, action sociale, eau, etc., l'inventaire reste à préciser). La moitié des postes et des agents seraient transférés avec une compensation financière à 100 % comme cela s'est effectué lors des derniers transferts de compétences. L'autre moitié porterait sur des postes "à économiser" par l'État. Ainsi, la convergence des moyens humains et des compétences s'en trouverait réalisée.

- 2e disposition : pour doter les collectivités rurales de compétences de très haut niveau et diversifier les parcours des hauts fonctionnaires d'État, il faut rendre obligatoire pour ces derniers l'exercice pendant au minimum cinq ans de responsabilités dans des collectivités notamment rurales. Le Premier ministre, Édouard Philippe, s'est exprimé en ce sens en mai 2017 à Strasbourg face aux élèves et professeurs de l'ENA (École nationale d'administration) et de l'INET (Institut national des Études territoriales). Il a invité les futurs diplômés à "sortir des silos avec des carrières toutes tracées en allant notamment dans les collectivités locales là où les capacités d'action sont présentes". Il a aussi poussé les futurs énarques à privilégier les filières d'action plutôt que celles du contrôle et de l'inspection. Il s'est aussi déclaré favorable à des dispositions qui faciliteraient les possibilités d'"aller-retour" entre collectivités et État. C'est une bonne base, mais nous pensons qu'il faut aller plus loin et ne pas en rester au niveau des intentions. Il faut l'intégrer dans les conditions d'obtention de ces diplômes et pour l'accès à de nombreuses fonctions. On ne peut pas se déclarer au service du pays si l'on refuse un tel engagement en direction des territoires ruraux dudit pays ! Plutôt que supprimer l'ENA, la réformer ainsi aurait du sens !

- 3e disposition : afin d'accompagner les collectivités par des expertises ponctuelles mais régulières de haut niveau, il pourrait être constitué une entité composée de hauts fonctionnaires d'État chargés de procéder à des audits et des missions de conseils auprès des collectivités rurales. Cette *task-force* serait constituée par des effectifs issus de la Cour des comptes et de ses émanations dans les territoires (les chambres régionales des comptes), de la DGCL (Direction générale des collectivités locales), du CGET (Commissariat général à l'égalité des territoires) et, en région, des SGAR (Secrétariat général aux affaires régionales). Une telle force d'intervention ponctuelle et souple serait bien plus pertinente que la création d'une improbable agence de cohésion nationale dont on ne sait pas trop ce qu'elle pourrait apporter sans doublonner avec les formes d'ingénierie que les collectivités ont dû créer du fait du désengagement de l'État au début des années 2000.

- 4e disposition : il convient de fixer un nouveau cadre réglementaire pour construire une ingénierie intégrée en milieu rural visant des organisations sur mesure, en phase avec les besoins locaux et dépassant les concurrences institutionnelles. Cela implique l'adoption d'une définition large des champs de l'ingénierie territoriale en milieu rural, sans se limiter aux anciens périmètres techniques. Elle deviendrait ainsi une compétence partagée, reconnue par la loi qui affirmerait son caractère de service d'intérêt général, dans une visée de solidarité territoriale. De nouveaux outils juridiques sont également nécessaires pour sécuriser l'émergence de "réseaux horizontaux d'ingénierie" y compris avec les acteurs privés visant à faire monter en compétence les acteurs ruraux. On pourrait alors imaginer des agences départementales de développement rural créées et pilotées par les collectivités comme les agences d'urbanisme et intégrant également les acteurs privés de l'ingénierie.

Ce sujet est peu audible par le grand public mais il est crucial pour doter le monde rural des compétences et capacités d'innovation nécessaires pour relever les défis qu'il doit affronter. L'État doit accepter de faire évoluer des dispositifs qui ont vieilli et qui lui laissent encore croire qu'il dispose de capacités d'action réelles sur les missions non régaliennes alors qu'elles se sont progressivement évaporées.

MESURE 4 - “RÉGLEMENTAIRE” : APPLIQUER LE PRINCIPE “LA RÉPUBLIQUE FIXE LE CADRE, LES TERRITOIRES ADAPTENT L’APPLICATION” EN ADOPTANT UN CERTAIN NOMBRE DE NORMES À LA VIE RURALE POUR LIBÉRER LES ÉNERGIES ET RESPONSABILISER LES ACTEURS RURAUX

Chaque président de la République y va de son couplet en début de mandat sur la simplification des normes qui brident notre pays. Nous les croyons sincères lors de l’énoncé de leur discours. Le problème se situe après, lorsque les administrations centrales et les parlementaires y mettent leur patte. Cela donne un grand nombre de textes, très souvent trop détaillés donc inapplicables, le tout sans évaluation deux ou trois ans après leur adoption.

La page hebdomadaire dédiée à l’application des nouveaux textes réglementaires dans *La Gazette des communes* (magazine bien connu dans les collectivités locales) est là pour illustrer cette inflation normative qui cherche le plus souvent à régir toutes les situations dans les moindres détails. Alain Lambert, président du Conseil national d’évaluation des normes (CNEN*), faisait remarquer lors de son dixième anniversaire, le 13 septembre 2018, que, malgré de réels progrès pour diminuer cette inflation normative, “certains hauts fonctionnaires, rapporteurs de projets de textes, sortent parfois défaits d’une séance du CNEN. Défaits d’avoir dû expliquer l’impact d’une mesure dans une commune de 1500 habitants. Certains ne semblent jamais avoir imaginé qu’il puisse exister une commune en dessous de 100 000 habitants !”

On voit donc une fois de plus à quel point c'est la double peine pour le monde rural ! Il doit faire face comme tous les territoires français à une inflation de textes, sans avoir les moyens d'ingénierie, financiers et juridiques pour y faire face. Prenons l'exemple de la généralisation des Plans locaux d'urbanisme intercommunal (PLUI*). L'approche intercommunale des sujets liés à l'urbanisme est essentielle. Leur nécessité ne fait pas débat dans le cadre d'espaces soumis à une pression démographique, foncière et patrimoniale importante, mais comment expliquer à une communauté de communes rurale de 10 000 habitants avec plus de 30 communes, qui se bat pour stopper sa perte de population, que la première chose à faire est de dépenser 400 000 euros d'études pour se doter d'un PLUI, le tout avec des cabinets qui resservent leurs dogmes d'inspiration urbaine d'un territoire à l'autre. Pourquoi demander à tous les territoires ruraux d'adopter la complexité des règlements des villes alors que la diversité des situations urbanistiques en milieu rural ne le justifie pas ? Faut-il que certains villages se retrouvent aujourd'hui avec six ou sept zonages urbains différents, inapplicables par les maires, au sein du PLUI ?

N'y a-t-il pas urgence à adapter ces démarches pour qu'elles soient plus souples, plus en phase avec les moyens humains et financiers de ces collectivités tout en conservant l'exigence d'un regard, d'une vision intercommunale ? Géraldine Chavrier, professeur de droit public à l'université Paris-I Panthéon-Sorbonne, va même plus loin en faisant remarquer que "l'adaptation des normes par les collectivités elles-mêmes à leurs spécificités et à leurs situations particulières, permet d'atteindre une égalité réelle" et non une égalité formelle, abstraite (2018).

On voit que ce sujet n'est pas anodin car il met en évidence plusieurs pathologies du monde rural : fort impact financier sur des moyens limités, non prise en compte de ses spécificités, donc inapplicabilité des textes, d'où un sentiment d'injustice, manque d'ingénierie pour faire face à cette inflation normative et maintien d'une égalité formelle de façade au détriment d'une égalité réelle. Ce sujet est vital pour le monde rural !

Nous pensons donc dans cette période de disette budgétaire qu'il faut donner de la marge réglementaire aux territoires, notamment ruraux, les laisser respirer, les responsabiliser. Or, une fenêtre s'est ouverte avec les avancées récentes permettant aux collectivités **d'expérimenter ou encore de se fonder sur la différenciation territoriale** pour agir en lien avec leurs spécificités. Le Conseil d'État a rendu un avis le 7 décembre 2017, publié le 1er mars 2018, concernant, d'une part, la possibilité d'attribuer des compétences différentes à des collectivités relevant d'une même catégorie et, d'autre part, la possibilité de permettre aux collectivités territoriales de déroger à des dispositions législatives ou réglementaires qui régissent l'exercice de leurs compétences.

Il a estimé que de telles évolutions seraient de nature à donner davantage de libertés et de responsabilités aux collectivités territoriales pour conduire une action publique plus efficace, pour innover et pour adapter les lois et règlements aux réalités des territoires. Il a aussi considéré que la reconnaissance de ce pouvoir de dérogation nécessiterait une révision constitutionnelle. Ainsi, dans cet avis, le Conseil d'État rappelle que le principe constitutionnel d'égalité, applicable aux collectivités territoriales "ne s'oppose ni à ce que le législateur règle de façon différente des situations différentes, ni à ce qu'il déroge à l'égalité pour des raisons d'intérêt général pourvu que, dans l'un et l'autre cas, la différence de traitement qui en résulte soit en rapport avec l'objet de la loi qui l'établit". Si des marges de manœuvre existent dans le cadre actuel, elles sont encore très contraintes.

Si l'on souhaite modifier la Constitution, il y a aussi des points qui peuvent poser des difficultés. Le chemin est encore long mais des brèches s'ouvrent progressivement comme le prouve la mission flash de la délégation de l'Assemblée nationale aux collectivités territoriales et à la décentralisation de mai 2017.

Cette dernière propose de compléter la loi pour faciliter les expérimentations, ne pas les surencadrer, ne pas obliger à les généraliser en cas de succès ou encore alléger leur procédure de mise en œuvre. Autant de freins qui avaient rendu inopérante la réforme de 2003 sur ces sujets, réforme qui avait immédiatement subi un cadrage excessif des administrations centrales. Les discussions autour de l'intégration de la diversité des territoires dans la Constitution sur la base de la révision Raffarin de 2003 participent aussi à ce mouvement nécessaire et même indispensable.

En partant de cet état d'esprit afin de l'appliquer au monde rural, pour libérer ses énergies et lui redonner des marges d'appréciation et d'action, trois dispositions concrètes pourraient être prises, sous l'impulsion du président de la République :

- 1re disposition : identifier dès à présent une vingtaine de normes impactant fortement la vie quotidienne rurale dans le stock existant, soit pour les abroger, soit pour les adapter par exemple pour les champs suivants : urbanisme/logement, accès mutualisé aux équipements sportifs et culturels, éducation/petite enfance, petits commerces, agriculture, encadrement des activités en milieu naturel (chasse, pêche, sports de pleine nature...), etc.

- 2e disposition : adapter fortement, sous l'angle de la simplification, le Schéma de cohérence territoriale et le Plan local d'urbanisme intercommunal à la réalité du monde rural, tout en conservant leur philosophie prospective et leur regard multi-échelles. C'est-à-dire ajuster leurs items et moduler leur portée normative en s'appuyant sur les notions de norme contractuelle ou de norme de recommandations (conseils). Ces dernières permettent de sortir de l'obsession de la norme obligatoire et du fameux principe de précaution à outrance qui ne donnent pas nécessairement de meilleurs résultats dans l'application finale (voir le *Rapport de la mission de lutte contre l'inflation normative*, mars 2013). Cela doit aussi servir à contrecarrer les tentatives parfois soutenues par certains agents de l'État de "mise sous cloche environnementale" du monde rural, sans argumentation de fond mais par une application aveugle de dogmes.

- 3e disposition : définir un critère "adaptation au monde rural" dans la création de toute nouvelle norme et notamment dans les études d'impact et les conditions de mise en œuvre, critère qui pourrait être intégré dans la grille d'analyse du Conseil national d'évaluation des normes (CNEN) lorsque celui-ci audite les textes remis au Parlement. Concomitamment, les normes existantes devraient faire l'objet du même "traitement".

L'État doit faire confiance aux collectivités, notamment rurales, leur donner des marges d'application réglementaire et les responsabiliser. Ce que nous proposons ne lui coûte pas un centime d'euro et l'État peut en vérifier l'application en posant un cadre d'évaluation clair à destination des collectivités locales qui adaptent l'application des règles de la République. De plus, cela envoie un message en direction des acteurs dynamiques de ces territoires qui se battent pour les faire avancer et muter. Ces acteurs ont besoin d'un cadre réglementaire à la mesure de leur volonté afin de ne pas laisser le manche de "l'inaction publique" à ceux qui ne veulent rien changer et qui se lamentent sur la disparition du village d'antan en brandissant des textes et des normes inapplicables dans le monde rural !

MESURE 5 - "EMPLOI" : CONSTRUIRE DES CIRCUITS COURTS DE L'EMPLOI RURAL BASÉS SUR LE PRIMAT DU TRAVAIL ET LA RESPONSABILISATION DES COLLECTIVITÉS À L'ÉCHELLE DU BASSIN DE VIE

Les enjeux liés à l'emploi se posent pour l'ensemble du pays. Le diagnostic est archi-connu : chômage de masse, environ 500 000 postes aujourd'hui non pourvus, des métiers en tension de recrutement par manque d'attractivité ou par insuffisance de formation des candidats, inadéquation des compétences actuelles avec les emplois de demain notamment dans le numérique, des destructions d'emplois industriels très localisés, un modèle d'allocations qui a tendance à exclure et à stigmatiser... Il faut bien constater que la croissance économique ne suffit pas à elle seule à déstocker le chômage de masse. Une trentaine d'années de traitement statistique du chômage via de "grandes politiques nationales" a rigidifié le marché du travail en cloisonnant les interventions des organismes censés travailler au retour à l'emploi de nos concitoyens.

Le Gouvernement a bien posé ces constats lors du lancement de son plan pauvreté en septembre 2018. Les territoires ruraux subissent de plein fouet cette situation. Nous avons clairement souligné le déficit de matière grise en milieu rural avec un manque d'ambition généralisé des jeunes ruraux et des mécanismes de déterminisme social et territorial qui sont dévastateurs. Nous avons aussi montré que les territoires ruraux notamment industriels ont payé la note de la crise de 2008 en voyant les emplois industriels disparaître sans réellement être armés pour les faire muter. Ce sont également les territoires ruraux qui subissent la métropolisation de l'emploi public et voient aussi disparaître des pans entiers d'emplois tertiaires.

Et pourtant ! Nous pensons qu'en dépit de ces difficultés structurelles, les territoires ruraux constituent le terrain idéal pour mettre en œuvre de manière concrète un double changement de paradigme.

Le premier consiste à réaffirmer **le primat du travail** sur les allocations. Ce que Fréderic Bierry, dans son rapport à l'Assemblée des départements de France (*Les départements au cœur des politiques de retour à l'emploi*, 2019), a appelé la solution du "travail pour tous" qui combinerait une activité évolutive et une allocation de subsistance si nécessaire. Le modèle se fonderait ainsi "sur les vrais potentiels de la personne et s'orienterait résolument vers son accompagnement dans l'emploi". Nous avons déjà dit pourquoi cette philosophie doit être privilégiée à des solutions de type "revenus pour tous". Pour les personnes concernées, cela permettrait un accès à l'emploi dans un esprit de dignité et de responsabilité. Le pays fait également le pari qu'il existe en chacun une part de talent et de compétences permettant de s'épanouir dans le travail et donc dans la société. Pour les territoires ruraux eux-mêmes, cette approche les maintiendrait aussi dans une démarche positive où une vie active est possible. Leur horizon n'est pas d'être uniquement sous perfusion des allocations de solidarité. Si nous faisons le deuil collectif d'un idéal de travail pour tous et partout y compris dans le monde rural, alors la fabrique d'un "tiers-monde rural français" vivant aux crochets des métropoles est en marche. Comment, dans ces conditions, mobiliser les énergies en milieu rural pour retourner la situation ?

Le deuxième changement de paradigme nécessaire tient justement au fait que **l'emploi est l'affaire de tous les acteurs**. Trop longtemps, il est resté l'affaire technique d'organismes nationaux comme Pôle Emploi, missionnés par l'État avec de grands objectifs statistiques. Dans les territoires, personne ne s'en occupe pleinement, chaque niveau de collectivité a un petit bout de compétences (le développement économique pour les intercommunalités, l'accompagnement social et l'insertion pour les départements, l'orientation et la formation pour les régions, les contrats aidés pour l'État). Une multitude d'acteurs régule le marché de l'emploi en ménageant un espace pour chacun! À l'échelle d'un territoire local prédéfini, personne ne fixe des objectifs communs de résultats concrets! Des actions sont réalisées ici ou là, pendant un temps donné, en réponse à un appel à projets national ou européen, puis plus rien. Peu d'évaluations en sont faites. On se réfère la plupart du temps à des statistiques globales qui sont d'ailleurs de plus en plus incompréhensibles et inexplicables par celui qui les produit (Pôle Emploi). Or, les quelques expérimentions locales d'envergure conduites soulignent l'absolue nécessité d'un portage politique local fort!

En partant de ce double changement de paradigme, nous avons en Haute-Saône déclaré en 2015 comme objectif politique prioritaire le retour à l'emploi des allocataires du RSA via deux outils complémentaires. Une cellule d'évaluation du "juste droit" a été créée afin de garantir le juste calcul de l'allocation et d'établir un premier profilage des allocataires quant à un retour à l'emploi.

En complément, un groupement d'intérêt public (GIP) dénommé Insertion 70 a été créé. Il réunit une cinquantaine de partenaires: département, région, État, communautés de communes, organismes consulaires, fédérations professionnelles, entreprises, agences d'intérim... Sa mission est d'accompagner en permanence individuellement vers et dans l'emploi 700 allocataires du RSA avec de fortes connexions vers les milieux économiques et en prise directe avec chaque communauté de communes. Toutes les trois semaines, nous tenons une réunion avec 50 à 150 allocataires du RSA convoqués à l'échelle d'une communauté de communes pour un discours pédagogique ferme et optimiste sur les droits et les devoirs et pour une mise en relation individuelle avec un chargé de mission.

Les retours de terrain permettent aussi de lever des freins à l'emploi. C'est par exemple le sens du pack de retour à l'emploi pour faire face aux problèmes de mobilité et de garde d'enfants.

Une action en direction des associations est aussi en cours pour intégrer en leur sein, quelques heures par semaine, des allocataires du RSA volontaires suivis par Insertion 70 mais situés un peu plus loin de l'emploi. Cet engagement vise une reconstruction progressive de leur employabilité. C'est enfin un processus de modernisation, via la mobilisation du Fonds social européen, des chantiers d'insertion. Les résultats depuis le lancement de cette politique d'insertion réformée font apparaître une réduction de 16 % du nombre d'allocataires du RSA sur le département (de 4920 fin 2016 à 4161 en décembre 2018). C'est une approche. Il en existe d'autres, mais elles doivent se généraliser sur ces bases en milieu rural.

Nous pensons donc que l'État doit conserver le levier des incitations directes et indirectes pour la création ou le maintien des emplois en direction des entreprises, mais **qu'il doit pousser les collectivités à s'organiser pour l'accompagnement personnalisé vers et dans l'emploi, particulièrement en milieu rural,** là où Pôle Emploi ne peut pas agir aussi bien et couvrir les territoires. Par leur connaissance du terrain, les collectivités sont réellement les mieux placées pour convaincre tous les acteurs de proximité de s'impliquer dans cette bataille. Elles peuvent stimuler et fédérer les énergies et agir de proche en proche, au plus près des individus par un accompagnement personnalisé et rapide. Il faut aussi encourager les entreprises et les mettre dans les meilleures conditions pour créer des emplois.

Cette approche correspond parfaitement aux spécificités du monde rural qui est de fait "un grand village" où beaucoup d'acteurs se connaissent et partagent des intérêts communs. Nous avons bien vu que différentes modalités concrètes et autres outils peuvent être mis en œuvre par les territoires pour coller aux spécificités de ces derniers. Toutefois, pour consolider leur cadre d'intervention et les responsabiliser dans leur action, il conviendrait de :

- **formaliser un plan de retour à l'emploi à l'échelle de chaque bassin de vie** entre le département, le bloc communes-communautés de communes et leurs partenaires (entreprises, associations, agences d'intérim, organismes de formation, conseil régional, chambres consulaires...). Ce plan, issu d'un diagnostic local sans concession, ferait l'objet d'un contrat unique avec l'État et la région (volet formation) sur plusieurs années, permettant de fixer collectivement des objectifs précis et concrets à l'échelle d'un bassin de vie pour le retour à l'emploi et la mise en cohérence entre les compétences des habitants et les besoins des entreprises (gestion prévisionnelle des emplois et compétences territoriales) ;

- **renforcer les dispositifs législatifs permettant la mise en œuvre efficace du "juste droit", des allocations chômages et du RSA**. Cela concerne tous les territoires français mais il s'avère essentiel au cœur des territoires ruraux où tout le monde se connaît. Au-delà des économies générées, cela doit permettre de recrédibiliser cette prestation sociale aux yeux de nos concitoyens et ainsi sortir de la stigmatisation qui peut être très forte en milieu rural (plus exposé que les grandes villes). C'est à ce prix que les énergies collectives pourront ainsi se focaliser uniquement sur un accompagnement vers l'emploi.

MESURE 6 - "NUMÉRIQUE" : FAIRE DES AMÉNAGEMENTS ET DES USAGES NUMÉRIQUES EN MILIEU RURAL UNE HYPER-PRIORITÉ NATIONALE EN LES CONSIDÉRANT COMME DES INVESTISSEMENTS PRODUCTIFS D'AVENIR

Le dernier rapport du CGET (Commissariat général à l'égalité des territoires) en 2018 souligne que l'accès aux infrastructures de très haut débit (THD, supérieur à 30 Mb/s) s'améliore chaque année. Toutefois, les disparités restent très importantes entre les territoires, au détriment des espaces ruraux bien sûr. En effet, ces derniers ne sont pas ou très peu traités par les opérateurs privés qui sont restés sur les zones denses et rentables. En milieu rural, ce sont les collectivités territoriales avec un soutien important du plan national THD qui s'en occupent.

Les chiffres 2016 montrent que 48 % des locaux sont éligibles au THD au niveau national soit 4 points de mieux que l'année 2015. La progression est donc constante et concerne l'ensemble du territoire national mais certaines régions partent de plus loin. En Île-de-France, région la mieux dotée, 74,3 % des locaux sont éligibles au THD contre seulement 34,6 % en Bourgogne-Franche-Comté. Cela passe du simple au double et au sein des régions en retard seules les plus grandes villes commencent à être couvertes.

Par ailleurs, toujours dans le même rapport officiel, les différentes enquêtes sur la diffusion des technologies mettent aussi en relief des disparités dans les usages et les compétences numériques entre territoires selon la taille des agglomérations. Là aussi, les disparités se réduisent entre campagnes et grandes agglomérations mais elles demeurent très importantes. C'est un constat, les territoires ruraux ont dû concevoir et financer partiellement leurs réseaux numériques alors que les zones urbaines sont couvertes par des opérateurs privés sans participation financière, ni d'ingénierie publiques dédiées ! Peut-on parler d'égalité réelle entre les territoires ? La question est de nouveau mise sur la table. Les départements ruraux, compétents de par la loi, ont fait preuve dans leur grande majorité d'une exceptionnelle volonté pour agir sur ces champs nouveaux. La multiplication des réseaux d'initiative publique (RIP) en témoigne. Le déploiement y est même parfois plus rapide que pour les opérateurs privés dans les agglomérations, c'est un comble !

Faut-il pour autant fustiger l'État ? Très objectivement, non. Il faut même souligner la position française très volontariste en Europe dans le traitement de l'aménagement numérique du monde rural. Les différents plans THD initiés sous les présidences Sarkozy, puis Hollande et maintenant Macron ont pris le problème à bras-le-corps. Bien sûr tout cela ne va pas assez vite et il a fallu batailler pour adopter des plans soutenables techniquement et financièrement avec l'aide de l'État et des régions mais globalement une réponse est apportée.

Sur le volet des usages numériques, l'État essaie très récemment également de jouer le jeu avec le plan gouvernemental de 2018 pour "un numérique inclusif" ou bien encore pour "le numérique à l'école" même s'il existe des manques sur le traitement des personnes âgées (dont environ un tiers sont complètement exclues des usages numériques) et s'il ne va pas assez loin sur l'interopérabilité des plateformes de services publics numériques entre l'État et les collectivités. Là aussi, l'État essaie de donner un cadre et une impulsion, mais pas suffisamment.

La prise de conscience a donc lieu depuis 2010 et il faut s'en féliciter car nous considérons que le numérique est une chance historique pour le monde rural, auquel il doit permettre de faire face à une grande partie des défis auxquels il est confronté. L'étude *Que peut le numérique pour les territoires isolés ?* (2018)

fait le pari que la transition numérique dans les territoires isolés peut répondre à un impératif de développement économique et à une ambition d'inclusion sociale et civique. Les nouveaux usages et outils permettent ainsi d'envisager un développement économique différent, plus déconcentré, une qualité des services publics et de santé réellement égalitaire sur l'ensemble du territoire national et de redonner des potentialités de développements résidentiels à des populations qui devaient jusqu'alors vivre et travailler dans les grands centres urbains.

La transition numérique permet d'accompagner aussi une nouvelle transition agricole et, avec des moyens peu coûteux, d'optimiser la production notamment sur le plan environnemental. Au niveau touristique, elle ouvre également des potentiels inespérés pour le monde rural. Par exemple, un tiers des villages français ont au moins une annonce Airbnb alors que deux tiers de ces villages ne comptent aucun hôtel. Ainsi, 123 000 personnes ont été accueillies par ce biais, ce qui a généré 14 millions d'euros de revenus supplémentaires pour ces territoires en cinq ans. C'est un premier pas.

Les retombées économiques locales peuvent être significatives, via les travaux de réparation, de rénovation et d'entretien engagés par les propriétaires ou via les dépenses réalisées sur place par les touristes (loisirs, achats de produits locaux, etc.). Le déploiement de la télémédecine fournit aussi une réponse à l'enjeu d'accessibilité aux soins et du maintien à domicile des personnes âgées, sous réserve de lever certains freins liés au droit et aux remboursements, mais les technologies sont prêtes. Il est possible également de favoriser, par le télétravail ou au sein de lieux de *coworking*, le retour de certains salariés dans les territoires plus isolés ; même si le cadre légal récent fait peser encore trop de contraintes sur les entreprises et les salariés désireux de s'y lancer, la dynamique se prépare.

L'e-administration constitue enfin une avancée dans la lutte contre les inégalités territoriales en matière d'accès au service public, comme le démontre le recours à la déclaration fiscale en ligne. Cette transition numérique apporte également des éléments de réponse pour l'autre grande transition à l'œuvre actuellement: la transition écologique. On voit bien que la transition numérique, si elle est ambitieuse et accompagnée, permet de réenclencher un cycle vertueux pour le monde rural et de lutter contre une triple fracture: territoriale, générationnelle et socioculturelle. Lors du dernier événement Ruraltic fin août 2018, de nombreuses initiatives locales en milieu rural ont encore été valorisées: des cafés numériques, un smart village pour la maîtrise de l'énergie, des espaces de *coworking*, des fablabs...

Cette ambition numérique rurale, tant au niveau de la couverture numérique que des usages, ne doit pas être sacrifiée par Bercy et les grands comptables de l'État qui ne considèrent pas, à tort, cet effort comme un investissement productif d'avenir. Ce chantier d'une petite dizaine d'années doit être érigé en **priorité nationale pour le monde rural et sanctuarisé dans le budget national y compris en se mobilisant pour le compléter par des fonds européens** permettant un fort effet levier.

Sur cette base, quatre dispositions techniques doivent également faire l'objet d'avancées rapides et concrètes:

- 1re disposition: **mieux définir le mix* technologique THD en milieu rural**, alternatif à la desserte FTTH*, et le rendre compatible avec les règles de l'Autorité de régulation des communications électroniques et des postes (ARCEP*). En effet, certains villages s'en trouvent actuellement exclus du fait de leur petite taille (moins de 50 lignes), ce qui empêche les aménageurs de préparer la suite; cette obstruction doit être levée très rapidement.

- 2e disposition: intégrer au sein du Fonds de solidarité numérique **le financement par l'État dans une période intermédiaire (2019-2024) de la desserte FTTH des sites prioritaires ayant un besoin numérique urgent au sein des zones non couvertes par des plaques FTTH à moyen terme** (locaux à vocations médicale, médicosociale, économique, touristique, médicale, administrative, éducative...) et ce en avance de phase, cette infrastructure servant dans les années suivantes pour la deuxième phase de déploiement de la fibre optique jusque chez l'abonné. Nous avons défini en Haute-Saône une méthode d'identification et de desserte FTTH de ces sites. Elle est soutenue financièrement par la seule région Bourgogne-Franche-Comté.

- 3e disposition : prendre des **dispositions législatives pour contraindre les opérateurs privés à tenir les engagements qu'ils ont pris vis-à-vis de l'État pour la couverture mobile 4G des zones blanches** et permettre ainsi à l'ARCEP de les contrôler réellement et de les sanctionner le cas échéant. Le non-respect par les opérateurs des conventions signées entre l'État, les collectivités et les opérateurs en 2008-2010 pour le déploiement des pylônes de téléphonie mobile a laissé des traces dans les territoires ruraux. Nous procédons en Haute-Saône à notre propre campagne de mesures pour rééquilibrer le rapport des négociations avec les opérateurs.

- 4e disposition : sur la base des schémas départementaux des usages numériques (SDUN*), **prendre les dispositions législatives pour obliger tous les services de l'État à intégrer les plateformes numériques de services publics et les systèmes d'informations géographiques (SIG*) partagés avec les collectivités** (communes, communautés de communes, départements). L'État prononce de grands discours mais, dans la pratique, il est très réticent à rejoindre les initiatives numériques portées par les collectivités qui fournissent pourtant à ce jour plus des trois quarts des services aux publics. L'idée de base est de permettre un accès unique, rapide et simple aux citoyens (login, mot de passe et espace personnel unique certifié par France Connect) pour un large bouquet de services : payer ses impôts à l'État, inscrire les enfants et payer sa facture au périscolaire et à l'extrascolaire de la communauté de communes, payer ses ordures ménagères au syndicat compétent, consulter l'Espace Numérique de Travail des enfants inscrits au collège géré par le département, inscrire les enfants aux transports scolaires gérés par la région, retirer sa carte de piscine gérée par la commune… Ce projet est en cours en Haute-Saône mais l'État argue de principes de sécurité pour ne pas intégrer ce bouquet de services numériques mutualisés.

- 5e disposition : **chaque département serait conduit, rapidement, à créer une commission élargie chargée d'identifier les services publics numériques des années 2020** et aussi la manière dont ils doivent être mis en œuvre notamment en définissant les formes de la médiation numérique à construire pour accompagner et ne pas exclure certains publics (personnes âgées, personnes en difficultés sociales ou en rupture culturelle avec ces nouveaux outils…).

MESURE 7 - “ÉDUCATION” : DÉVELOPPER UNE DÉMARCHE PROACTIVE DES ORGANISATIONS SCOLAIRES RURALES ET OUVRIR LES ÉTABLISSEMENTS SCOLAIRES (ÉCOLES ET COLLÈGES) SUR LEUR ENVIRONNEMENT DIRECT EN MUTUALISANT LEUR UTILISATION AVEC LES FORCES VIVES LOCALES

De manière très surprenante, l’éducation ne constitue pas un secteur prioritaire des politiques d’aménagement du territoire et d’accès aux services publics. Ce constat n’est pas mis en avant par des élus locaux en colère contre des fermetures de classes, mais il est issu du rapport de la “mission rurale” conduite par deux inspections générales de l’Éducation nationale et remis au ministre de l’Éducation nationale J.-M. Blanquer le 2 octobre 2018. D’ailleurs, ce dernier a accueilli favorablement la recommandation centrale de ce rapport visant à “adapter l’organisation et le pilotage du système éducatif aux évolutions et défis des territoires ruraux”.

Cela s’apparente clairement à une prise de conscience de l’Éducation nationale qui s’est dans le passé plus concentrée sur les éléments démographiques (combien d’élèves ?) que sur une approche globale et transversale de l’éducation dans le monde rural (problématique des transports, manque d’ambition généralisé, moyens financiers limités…). Il n’y a qu’à voir comment a été appliquée de manière brutale et homogène la réforme des rythmes scolaires en 2013-2014 pour s’en convaincre. Les maires ruraux ont bien souvent dû fabriquer à la hâte une offre de services périscolaires de toutes pièces, se battre avec certains professeurs des écoles pour disposer de locaux partagés, car les murs ne sont pas extensibles, et construire une offre de transports scolaires sur mesure. Puis, un an plus tard, ils ont été mis sous pression des professeurs des écoles et des parents pour tout arrêter sans considérer le bien-fondé pour les enfants. Cet épisode malheureux a laissé des traces dans nos territoires et il a mis en lumière les limites des mécanismes décisionnels actuels.

L'approche plus transversale, plus agile et surtout collant aux spécificités des territoires ruraux, prônée très récemment, va donc dans le bon sens. Le climat a changé sur ces sujets et il faut s'en féliciter. Il faut aussi se donner du temps et affiner les outils : conventions de ruralité, dispositifs de type REP ruraux (réseaux d'éducation prioritaire), plan mercredi pour le périscolaire, accompagnement sur la durée et maintien de la compétence scolaire facultative pour les EPCI visant à privilégier une décision réfléchie et mûrie avec les communes… Il doit aussi apparaître clairement dans la réflexion nationale qui est initiée, une volonté et des outils pour traiter le manque d'ambition des jeunes élèves ruraux. À l'heure d'un monde ouvert et connecté, plus rien ne doit justifier ce manque d'ambition de fait qui se traduit par un taux de poursuite dans les études supérieures plus faible que celui de la moyenne française, y compris et surtout pour les filles.

Fort de cette assise nationale naissante qui doit encore être confirmée, nous proposons d'**ouvrir bien davantage l'école et le collège sur leur environnement direct avec des objectifs d'excellence et une ambition forte de construire la scolarité de demain.** Cela revient aussi à considérer comme un atout les conditions d'exercice scolaire en milieu rural via une ouverture naturelle et une prise directe avec le territoire et ses acteurs en dehors du champ scolaire (associations sportives, culturelles, entreprises, collectivités…). Cela revient aussi à construire un **nouveau fonctionnement des lieux d'enseignement avec, d'un côté, le volet pédagogique qui doit permettre à l'Éducation nationale de se recentrer sur son cœur de métier en crise ces dernières années**

et, de l'autre, la gestion des sites scolaires par les collectivités qui ont fait leurs preuves depuis les premiers transferts de compétences mais doivent encore approfondir le service qu'elles délivrent. Deux orientations, qui incombent à l'action et aux compétences des acteurs ruraux eux-mêmes et pas directement à l'Éducation nationale, peuvent ainsi être enclenchées rapidement :

La première orientation **consiste à faire du collège situé en milieu rural un équipement (culturel, sportif, numérique...) mutualisé, partagé 365 jours par an et ouvert à tous.** Cela permettrait de mutualiser des équipements existants alors que les bourgs ruraux ont du mal à créer ou rénover en profondeur leurs équipements sportifs, culturels, associatifs... Les départements ont le plus souvent abondamment modernisé les collèges à la suite de la première décentralisation, avec par exemple des salles de musique ou des centres de documentation et d'information (CDI) de grande qualité, équipés numériquement. Alors pourquoi ne pas les mutualiser ? Pourquoi ne pas en faire profiter hors temps scolaire (le soir, les week-ends, pendant les vacances scolaires) les forces vives du territoire ? Dans ces conditions, les CDI deviendraient par exemple des centres de connaissances et de culture (3C). C'est aussi le sens de la préconisation du Haut-Conseil à l'éducation artistique et culturelle (HCEAC*) quand il suggère d'ouvrir l'école vers les acteurs extérieurs pour des interventions croisées afin de "faire venir des intervenants extérieurs car l'éducation artistique et culturelle n'est pas uniquement du ressort de l'école et mobiliser pour des collaborations plus fréquentes avec des institutions extérieures les 30 000 professeurs de musique ou d'art plastique dans les écoles de France, qui sont très bien formés." Il en va de même pour le sport. On peut pousser la réflexion sur la mutualisation des parcs d'instruments ou de matériels sportifs, des salles de réunion et des espaces de restauration scolaire à destination des acteurs du territoire. Cela demande aussi à spécialiser de moins en moins les espaces au sein des collèges pour permettre des usages multiples.

Le collège ne serait plus un site sanctuarisé mais un site ouvert avec un fonctionnement spécifique à construire : d'un côté le volet pédagogique (Éducation nationale) et de l'autre la gestion du site (département). Cette démarche serait grandement facilitée par le transfert des gestionnaires du collège aux départements qui sont (étrangement) restés à l'Éducation nationale. Des demandes d'expérimentations auprès du Premier ministre sont déposées en ce sens depuis bientôt deux ans par les huit départements de Bourgogne-Franche-Comté. Au-delà des économies en investissement et en fonctionnement à réaliser, le véritable enjeu est l'appropriation et le partage d'un lieu collectif d'éducation entre les élèves et les habitants mais aussi entre les professeurs et les autres acteurs du territoire (associations, entreprises, élus...).

La seconde orientation concerne le **premier degré en incitant des formes agiles d'organisation scolaire et de regroupements ambitieux, non pas uniquement pour gagner des postes de professeurs et faire des économies d'entretien mais surtout pour améliorer la prise en charge humaine et logistique des élèves.** Cela peut prendre la forme d'organisations permettant une continuité pédagogique du CP à la 6e dit "d'école du socle". Nous allons profiter en Haute-Saône, à Jussey (bourg de 1600 habitants), de la réhabilitation lourde du collège pour intégrer en son sein l'école maternelle et primaire qui devait être reconstruite. La philosophie de ce type d'approche consiste à ne pas attendre les fermetures de classes mais à être toujours proactif. C'est le sens du concept de pôle éducatif développé en Haute-Saône depuis 1995. Les élus ont anticipé les baisses démographiques en regroupant leurs écoles dans des "pôles éducatifs" (qui comptent de 4 à 14 classes) ce qui occasionne forcément des fermetures. Mais ils préfèrent que la stratégie soit choisie plutôt qu'imposée. Cela permet aussi de proposer aux élèves et aux familles des conditions de scolarisation souvent meilleures à celles de beaucoup de villes (locaux neufs, cantine, équipements périscolaires et sportifs), le tout financé fortement par le département et par l'État sur la base d'une convention spéciale qui labellise ces pôles à partir d'un cahier des charges précis. À ce jour, 42 pôles éducatifs sont nés, non pas sur injonction de l'Éducation nationale ou du département mais sur la seule volonté des élus locaux qui s'organisent, sans se focaliser sur la perte d'une classe dans une commune, mais en raisonnant plus large géographiquement avec une vision d'avenir ambitieuse et noble pour les enfants. Elle permet aussi de mieux articuler les ressources dédiées aux temps scolaires et aux temps périscolaires. C'est là une voie féconde pour le monde rural !

MESURE 8 - "SANTÉ" : CONSTRUIRE LA MÉDECINE RURALE AMBITIEUSE DE DEMAIN EN MOBILISANT DAVANTAGE LES PROFESSIONS MÉDICALES, EN LES LIANT DE MANIÈRE VOLONTARISTE AUX TERRITOIRES ET EN ARTICULANT MÉDECINE RURALE, SECTEUR MÉDICO-SOCIAL, CENTRE DE SOINS ET HÔPITAL DE PROXIMITÉ

L'accès aux soins dans les territoires ruraux est devenu ces dernières années un sujet majeur et symbolique du sentiment de délaissement des Français. Selon les sondages, on recense environ 75 % de Français qui considèrent qu'il est prioritaire de lutter contre la désertification médicale en milieu rural. On passe même à 89 % pour les habitants de la Nièvre, à 86 % pour ceux de Saône-et-Loire et de Haute-Saône ou encore 85 % pour les Jurassiens. C'est peu dire que ce sujet inquiète et nourrit la crainte de la constitution progressive d'un "tiers-monde médical rural". D'autant plus que ce sentiment est aujourd'hui pleinement validé par les enquêtes officielles : ce n'est pas une vue de l'esprit ou une déclinaison du "c'était mieux avant". La dernière étude d'ampleur menée sur une année auprès de 21 700 personnes et publiée le 8 octobre 2018 par la DREES (Direction de la recherche, des études, de l'évaluation et des statistiques) ne laisse planer aucun doute. L'accès aux soins recèle de très fortes disparités, notamment sous l'angle des délais d'attente selon les professions (médecins généralistes, radiologue, pédiatre, dentiste…), et dessine une France à plusieurs vitesses.

L'étude montre clairement que “plus la densité de médecins est faible, plus les délais sont longs. Pour une demande de rendez-vous sur deux chez un ophtalmologue à Paris et sa proche banlieue, le délai d'attente est de 29 jours contre trois fois plus (97 jours) dans les petits ou moyens pôles ruraux. C'est dans les couronnes rurales des grands pôles, dans les communes hors influence des pôles urbains que l'accessibilité aux médecins est la plus faible et que les délais d'attente sont parmi les plus longs.” Elle souligne aussi que les longs délais d'attente de rendez-vous peuvent générer un renoncement aux soins dans ces zones rurales. Parallèlement, la question de la démographie médicale est de mieux en mieux cernée au niveau des ressorts expliquant son évolution. Le corps médical était jusqu'alors constitué majoritairement d'hommes (80 % chez les médecins de plus de 55 ans) exerçants seuls, alors que la nouvelle génération s'est largement féminisée (chaque année, plus de 70 % des nouveaux diplômés sont des jeunes femmes). Cette nouvelle génération de médecins souhaite travailler au sein de cabinets de groupe afin de rompre l'isolement, de mieux partager leur expertise tout en se ménageant une vie sociale moins contrainte.

L'équation à résoudre n'est pas simple et de nombreux territoires ruraux essaient d'agir. À ce titre, la mission du plan d'accès aux soins soulignait en octobre 2018 que “c'est à partir des territoires fragiles que s'inventent les soins de proximité de demain, les acteurs y font preuve d'une réelle inventivité et ont besoin d'être accompagnés pour que leurs démarches se pérennisent”. Ces solutions innovantes qui émergent sont bien souvent le fruit d'un partenariat de qualité entre les élus locaux, les professionnels de santé et les autres acteurs concernés. L'État semble avoir entendu ce message puisque le président de la République a lancé le 18 septembre 2018 un plan santé qui vise à transformer notre système de santé avec une priorité faite à la proximité. Le principe de base est que tous les professionnels d'un territoire “travaillent ensemble et portent une responsabilité collective vis-à-vis des patients de leur territoire” avec la fin de l'exercice isolé programmé d'ici 2022 au profit d'un exercice coordonné à l'échelle d'un territoire via les communautés professionnelles territoriales de santé (CPTS), qui doivent faire le pont entre les établissements de santé, notamment les hôpitaux de proximité, et le secteur médico-social.

Tous les professionnels d'un territoire (médecins, pharmaciens, sages-femmes, infirmiers, masseurs-kiné...), qu'ils soient salariés ou libéraux, devront s'organiser pour répondre aux besoins de soins de la population. Ce plan prévoit aussi la création d'un label "hôpitaux de proximité", la création dans les territoires peu denses de 4000 assistants médicaux subventionnés par l'assurance-maladie, à la fois soignants et secrétaires, qui allégeraient diverses tâches chronophages des médecins (déshabillage et rhabillage pour les nourrissons et les personnes âgées, recueil de diverses indications administratives et sanitaires : la taille, le poids, la vue, la prise de tension, un renouvellement d'ordonnance...), sous la surveillance du médecin et le financement de 400 médecins généralistes à exercice partagé ville/hôpital, salariés des centres hospitaliers de proximité ou centres de santé situés dans les déserts médicaux.

Enfin, pour être complet, il convient d'ajouter que, depuis le 15 septembre 2018, la téléconsultation médicale est remboursée par la sécurité sociale à tous les patients (la télé-expertise sera réservée à certains malades). Un cadre légal pérenne a enfin été posé en accord avec la profession médicale. On sait que dans le cadre d'un parcours de santé coordonné, cette réponse technique et organisationnelle ouvre des perspectives intéressantes quant aux inégalités d'accès aux soins en milieu rural.

L'État a donc répondu très récemment à un des sujets de préoccupation majeure des Français dans les espaces ruraux. Nous faisons le pari qu'il faut continuer à expliquer aux patients et aux citoyens ces évolutions de fond dans leur prise en charge médicale, mais qu'**il convient également d'aller plus loin encore vis-à-vis des professions médicales en les liant davantage avec**

les territoires ruraux et leur avenir. Cela passe bien sûr par l'amélioration nécessaire de leurs conditions d'exercice mais cela implique aussi de les réguler davantage dans les zones peu denses, sans que naissent des concurrences contre-productives entre territoires sous dotés. Trois dispositions doivent permettre de mettre en œuvre cette orientation :

- 1re disposition : **contraindre les agences régionales de santé (ARS*) à définir de manière rigoureuse et ambitieuse une organisation rurale en trois types de pôles de santé par des cahiers des charges précis** sur le nombre de disciplines et compétences réunies, la présence d'une ressource dédiée assurant la gestion et l'administration du collectif, l'obligation d'un partenariat avec un hôpital de proximité, l'équipement en télémédecine, une liaison en fibre optique, la présence de disciplines paramédicales. Ainsi, les maisons médicales de demain devront se fonder sur trois piliers : le lien humain, le digital et la performance. Sur cette base, chaque département conseillé par l'ARS devrait élaborer un schéma départemental des pôles de santé pour organiser et financer une couverture médicale ambitieuse y compris en étendant les missions des officines de pharmacie compte tenu de leur excellent maillage territorial. Ces dernières pourraient constituer des portes d'accès pertinentes de téléconsultation à la vaccination, au renouvellement de certains traitements et de prise en charge de certaines pathologies bénignes (ce qui n'est pas possible à ce jour).

- 2e disposition : **rendre obligatoire (et non plus volontaire) la conclusion de CPTS (communautés professionnelles territoriales de santé) dans un délai de deux ans** dans les zones rurales et en y associant les structures sanitaires, sociales et médico-sociales qui assurent la prise en charge de certaines pathologies souvent au domicile des patients.

- 3e disposition : **réguler davantage les conditions d'exercice des professions médicales en instaurant rapidement un mécanisme visant à assurer une présence suffisante de médecins généralistes dans les zones peu denses via deux dispositifs**

complémentaires : le premier qui limite les conventionnements là où la démographie médicale est excédentaire par rapport aux besoins de la population et le deuxième qui bonifie de 10 euros la consultation de médecins généralistes en zones peu denses. Au final, le principe de liberté d'installation demeure mais le conventionnement s'adapte à la démographie médicale. Ce sujet très sensible commence à être évoqué par les professionnels médicaux eux-mêmes car ils sentent bien la pression de l'opinion publique qui, selon les sondages récents, s'exprime à près de 80 % pour obliger les médecins à s'installer dans les déserts médicaux. Il faut revenir à la base de la mission de santé publique et clarifier les règles du jeu avec les organisations syndicales représentants les étudiants et les médecins pour aboutir à des modalités efficaces évitant les postures individualistes et corporatistes. Il en va de la qualité des relations futures avec les patients qui vont finir par se retourner violemment contre les professionnels de santé dans les territoires ruraux !

MESURE 9 - “MOBILITÉ QUOTIDIENNE” : DÉVELOPPER LE COVOITURAGE ET ACCOMPAGNER FINANCIÈREMENT LES SALARIÉS RURAUX QUI N’ONT QUE LA VOITURE COMME MOYEN DE TRANSPORT ET LA PARTAGENT, L’OFFRE DE TRANSPORTS EN COMMUNS ÉTANT INEXISTANTE

La question des déplacements est un enjeu mondial. Leur amélioration généralisée depuis des siècles a été l’une des conditions essentielles de la croissance économique dans un monde sans cesse plus ouvert. Depuis une vingtaine d’années, l’enjeu de la mobilité se pose aussi fortement au regard de ses impacts environnementaux négatifs. Le monde rural subit de plein fouet cette injonction… paradoxale. D’un côté, les citoyens attendent des réponses des pouvoirs publics pour réduire les freins réels ou ressentis à la mobilité quotidienne pour aller au travail, faire ses courses, accéder à un lieu d’enseignement ou de soins mais aussi pour contourner l’enclavement économique qui handicape certaines entreprises dans la compétition mondiale du fait de leur localisation. Dès lors, la possession d’une voiture individuelle est la seule solution même si cela doit coûter jusqu’à un quart des revenus du ménage !

D’un autre côté, les enjeux climatiques ciblent fort logiquement une transformation forte des habitudes et modes de déplacements dans la mesure où ils constituent un poste important d’émissions de gaz à effet de serre. C’est là une délicate équation que les pouvoirs publics ont à résoudre vis-à-vis du monde rural, car on a bien compris qu’en milieu rural le vélo n’est pas et ne sera pas la solution miracle (parfois on peut en douter en écoutant certains responsables politiques et médias nationaux). Le mouvement des “gilets jaunes” initié suite à l’augmentation des taxes sur le gazole et, il y a quelques années, le mouvement des “bonnets rouges” qui a enterré l’écotaxe se sont cristallisés sur ces ressorts.

Les études sur ces sujets aboutissent toutes à la même logique “éviter-transformer-améliorer” en agissant sur plusieurs leviers qui visent à réduire le nombre de déplacements par le télétravail, l’essor du e-commerce, des distributions de courses par tournées, la relocalisation de certaines activités commerciales... Elles cherchent aussi à transformer les comportements en développant le recours aux modes de transport alternatifs à la voiture, comme le vélo avec le plan gouvernemental d’octobre 2018. Des axes d’amélioration sont également à l’œuvre via la modernisation des lignes de transport public express, les progrès constants concernant l’efficacité énergétique des véhicules et le développement de la voiture électrique...

Une orientation sociétale est en cours ; elle est nécessaire mais elle prendra du temps. Les dernières avancées perçues pendant les “assises nationales de la mobilité” en 2017-2018 et lors de la présentation en Conseil des ministres de la future loi d’orientation sur les mobilités (LOME) qui devrait finir par arriver devant le Parlement en 2019 vont aussi dans ce sens. On a pris conscience que les discours simplistes visant à relocaliser les emplois d’un coup de baguette magique ou couvrir la France rurale de réseaux de transport en communs sont complètement illusoires, économiquement intenables et écologiquement contre-productifs (voir le cas des bus qui roulent à vide). La voiture est donc, et encore pour longtemps, un moyen quasi unique et essentiel de mobilité en milieu rural, en particulier pour le travail.

Nous proposons donc d’apporter des réponses simples et non dogmatiques aux défis posés par la mobilité quotidienne des Français en milieu rural **inspirées des récentes et majeures innovations sociétales (Blablacar, Uber, auto-partage dans les villes...) et de se baser ainsi sur la notion de partage de la voiture**

en milieu rural. Aujourd'hui, la masse critique d'usagers nécessaire au bon fonctionnement des dispositifs de covoiturage n'est pas atteinte. À peine 10 % des actifs covoiturent tous les jours, au moins sur une partie de leur trajet. Et sur ces 10 %, la moitié des covoiturages a lieu avec des membres de la famille. L'ADEME (Agence de l'environnement et de la maîtrise de l'énergie), dans ses dernières études, a montré que les plateformes de type Blablacar, avec planification du trajet à l'avance et partage des frais, ne fonctionnent pas pour les trajets réguliers de courte distance. Des applications avec géolocalisation, plus souples, sont en train d'émerger. Mais pour l'instant, aucun dispositif n'est parvenu à percer et atteindre la masse critique. Nous pensons que la technologie n'est pas le facteur bloquant mais que c'est une véritable ambition politique et même culturelle, assumée comme une réponse d'avenir pour le monde rural qu'il faut définir à travers plusieurs déclinaisons concrètes :

- 1re disposition : **établir des schémas départementaux des aires de covoiturage permettant de mailler les territoires en infrastructures physiques labellisées et cohérentes** spatialement afin de rendre visibles les trajets possibles de covoiturage. L'aménagement de "points stop" et la mise en place de voies dédiées uniquement aux bus et véhicules "covoitureurs" sur les zones de congestion en entrée de villes sont également à étudier dans ces schémas, dans une vision également intermodale quand c'est possible. Le département de la Haute-Saône a adopté fin 2018 son schéma élaboré en lien avec les communautés de communes. Ces aires seront ensuite opérées par des plateformes numériques, y compris privées, pour délivrer le service aux usagers dans l'esprit du concept plus large de "*mobility as a service*", c'est-à-dire une mobilité servicielle qui répond aux besoins d'une population de plus en plus connectée. L'enjeu n'est plus seulement de desservir les territoires, il s'agit aussi d'améliorer le confort mais surtout de proposer des services à l'usager pendant son temps de parcours.

2e disposition : proposer des avantages économiques aux covoitureurs via des **incitations fiscales ou des aides sur la base du concept d'un "versement transport" direct aux salariés ruraux** qui doivent se déplacer pour se rendre sur leur lieu de travail en voiture quand il n'existe pas d'offre de transports en commun – lesquels sont ailleurs multi-subventionnés –, **en "primant" ceux qui partagent leur voiture.** Une première approche a été bricolée dans l'urgence par le Gouvernement fin 2018 pour répondre à certaines demandes issues du mouvement des "gilets jaunes" mais les solutions mises sur la table se sont révélées trop simplistes et malheureusement inapplicables ! On pourrait aussi imaginer qu'une part du versement transport actuellement prélevé sur les entreprises (8 milliards d'euros) soit fléchée vers les territoires ruraux par solidarité alors que ces crédits profitent à ce jour exclusivement aux transports en zones urbaines.

MESURE 10 - "TRANSITION ÉNERGÉTIQUE" : FAIRE LE PARI D'UNE TRANSITION ÉNERGÉTIQUE AMBITIEUSE ET CONCRÈTE À PARTIR DES TERRITOIRES RURAUX EN PRIORISANT TROIS SECTEURS D'INTERVENTION : L'HABITAT PRIVÉ, L'AGRICULTURE ET LA GESTION DE L'EAU

Dans le prolongement du Grenelle de l'environnement et plus récemment de la COP 21, la prise de conscience collective est désormais forte. Les territoires ne sont bien sûr pas restés en marge de ce mouvement et il ne se passe pas une semaine sans que des innovations sur ces sujets soient valorisées. Au niveau international, les territoires deviennent des leaders de la transition en cours, en mettant leurs compétences et leurs moyens au service d'un "choc cultuel". En France, le débat national sur la transition énergétique (DNTE) de 2012-2013 et plus récemment le débat public mis en place pour l'élaboration de la programmation pluriannuelle de l'énergie (PPE) ont clairement montré que le développement des énergies renouvelables, l'autoconsommation et les innovations technologiques supposent une organisation du système au plus près des territoires.

D'ailleurs, aujourd'hui les collectivités locales investissent plus que l'État dans ces domaines et certaines commencent à construire des dispositifs ambitieux : service public local de l'énergie, territoire à énergie positive, organisation en circuits courts agricoles pour la restauration publique, plan de formation aux matériaux écologiques des métiers du bâtiment... Régions, départements, EPCI développent tous des plans climat-air-énergie territoriaux (PCAET). Les différents experts s'accordent pour dire que sans la mobilisation de tous les territoires, la France ne baissera pas ses émissions de gaz à effet de serre. La pédagogie de ces évolutions nécessaires doit également être faite au ras du terrain avec des exemples concrets dans les écoles, les associations, les entreprises…

Le mouvement d'une **transition décentralisée est en marche mais… l'État ralentit le mouvement!** C'est un comble, mais c'est une réalité. Certes, l'État cherche à acculturer le plus grand nombre de nos concitoyens. C'est bien, mais en même temps il ne veut surtout pas être dépossédé des dispositifs et des annonces ! Le projet de loi de finances 2019 est à ce titre très éclairant sur l'approche technocratique ambiante. On peut se réjouir d'une augmentation de 3,1 % (+ 1 milliard d'euros sur un montant de 34,2 milliards d'euros) du budget du ministère de la Transition énergétique et de ses opérateurs. Toutefois, on assiste à des "coups tordus" imaginés par Bercy avec par exemple le dispositif du "plafond mordant" pour réduire le montant des redevances des agences de l'eau (prélevées sur les factures d'eau) qui a été fixé à 2,1 milliards d'euros: si le montant de ces redevances est au-dessus de ce plafond, la différence viendra nourrir le budget général de l'État et non des dispositifs "eau" à forts enjeux environnementaux.

Le deuxième écueil tient au fait que l'État ne veut pas rediriger une part de la contribution climat-énergie (CEE) vers le financement des politiques climat-énergie territoriales portées par les collectivités qui sont pourtant les principaux acteurs de la transition. La taxe carbone, qui devait augmenter de 44,60 €/tCO_2 en 2018 à 55 €/tCO_2 au 1er janvier 2019, et le rattrapage du prix du diesel sur celui de l'essence devaient générer 2,8 milliards d'euros dans les caisses de l'État. Sans rentrer dans une critique facile, on relève une injustice à ce que l'argent prélevé sur les ménages dans les territoires ruraux via la CEE (voiture quasi obligatoire…) ne revienne pas pour une part importante à financer les actions de transition qu'ils mettent en œuvre. Il ne faut pas s'étonner dans ces conditions des réactions de nos concitoyens, par exemple au début du mouvement des "gilets jaunes".

L'État met aussi en avant ces contrats de transition écologique (CTE) aux contours encore flous. Ils sont, en octobre 2018, au nombre de huit, ce qui n'est pas à la hauteur de l'enjeu d'un nécessaire accompagnement généralisé des plans climat-air-énergie territoriaux (PCAET) car les grandes agglomérations ont à la fois l'ingénierie et les moyens de les mettre en œuvre, quand ce n'est pas le cas des collectivités rurales.

Enfin, il faut sortir d'une approche punitive et stigmatisante de l'écologie pour aller vers un accompagnement positif, progressif et durable (les dispositifs ne peuvent pas changer au gré des changements de ministres) pour se rapprocher d'objectifs de moyens termes mobilisateurs et fixés avec le plus grand nombre. Il est admis aujourd'hui que les métropoles qui affichent des objectifs ambitieux sur ces sujets ne pourront pas atteindre la neutralité carbone sans s'entendre avec les territoires ruraux qui les environnent. Toutefois, ces derniers refusent clairement d'être de simples supplétifs des métropoles. C'est donc l'occasion pour eux de faire valoir leurs besoins si la nation compte sur leurs ressources !

Nous proposons donc, **à côté des nécessaires programmes de recherche et développement sur les techniques et technologies d'avenir dans nos centres de recherche métropolitains, de faire le pari d'une transition énergétique concrète à partir des territoires ruraux via trois secteurs d'intervention : l'habitat privé, l'agriculture et la gestion de l'eau :**

- 1re disposition : construire un programme ambitieux et spécifique de l'Agence nationale d'amélioration de l'habitat (ANAH*) pour l'isolation des logements privés (propriétaires occupants ou bailleurs) et l'installation d'énergies renouvelables en lien avec l'habitat (panneaux solaires sur les toits, etc.). Ce mouvement est enclenché mais il doit être amplifié. Le gisement d'économie d'énergie est énorme et surtout il est mobilisable bien plus rapidement que dans les grands ensembles urbains où construire/réhabiliter demande de longs délais juridiques et organisationnels. Ce critère doit être affirmé pour les affectations de crédits nationaux au même titre que celui qui tend à sous-doter les zones rurales dites peu tendues au profit des zones urbaines dites tendues au niveau du marché du logement. Dès lors, on pourrait arriver à une forme d'industrialisation de cette politique pour obtenir des résultats massifiés.

- 2e disposition : mettre en place **des dispositifs locaux permettant de partir des circuits courts en tant que pratique de commercialisation, réduisant le nombre d'intermédiaires entre le producteur et le consommateur, pour réussir la mise en place progressive de modèles agricoles convertis à des démarches de production raisonnée ou biologique.** Cela sous-tend une forme d'échanges économiques valorisant aussi le lien social, la coopération, la transparence et l'équité entre les acteurs de l'échange à l'échelle d'un territoire. C'est par exemple le sens du dispositif Agrilocal*, plateforme numérique d'échange entre producteurs agricoles locaux et acheteurs publics (collèges, établissements médico-sociaux...) mis en place en Haute-Saône depuis 2016 (et par quelques dizaines de départements). La croissance annuelle des montants commandés est de l'ordre de 50 %. En intensifiant ce type de démarche, il est possible d'envisager la construction d'un véritable marché économique local qui dépasse le simple domaine agricole pour produire du sens collectif, du lien social entre les acteurs, une valorisation des savoir-faire en phase avec le tourisme, le tout en faisant évoluer au niveau environnemental nos pratiques de production et de consommation alimentaire. Il s'agit maintenant de donner un cadre national plus souple à ces embryons d'approche locale et de les stimuler.

- 3e disposition : maintenir la qualité et la quantité d'eau et préserver les milieux aquatiques – dont les zones humides – situés au trois-quarts en milieu rural. Dire que l'eau est indispensable à la vie et que les conséquences pour elle de l'évolution du climat nous interpellent en tant que citoyens est un lieu commun. Nous sommes convaincus que la thématique de l'eau est une question sociétale essentielle ! Le transfert* de la compétence du grand cycle de l'eau aux communautés ou grandes structures syndicales est la garantie d'une réflexion et de l'action solidaires. Qualité, quantité, économie et partage seront les maîtres-mots de ce débat.

L'eau est un bien commun, l'intéressement des citoyens à cette question est indispensable, la réduction de la consommation et le modèle de tarification favorisant cette réduction doivent être mis en débat. La ruralité dispose de la plus grande part de la ressource en eau, elle doit la protéger. Mais qui doit financer cette protection ? **La ruralité, déjà poumon de la nation en oxygène, est aussi son réservoir en eau. La question de la participation financière des zones urbaines denses à ces deux nécessités est posée et il est évident que des règles s'imposeront à l'agriculture. Devons-nous être les seuls à supporter ces coûts ?**

Cette approche pragmatique permettra dans le temps de construire progressivement une solidarité énergétique entre les grands ensembles urbains, qui seront toujours plus consommateurs d'énergies et d'eau, et le monde rural qui constitue une réserve d'eau et un potentiel à énergie positive via des contrats de co-investissement ou des dispositifs de jumelages énergétiques. Nous avons la conviction que c'est seulement après avoir entrepris des actions concrètes et non pas comme préalable qu'il faudra formaliser un cadre de coopération entre territoires urbains et ruraux.

MESURE 11 - “SOCIAL” : PASSER D’UNE LOGIQUE DE GUICHET DÉLIVRANT DES PRESTATIONS À UNE DÉMARCHE DE DÉVELOPPEMENT SOCIAL LOCAL, VÉRITABLE ASSISE DE LA VIE RURALE

La disparition du village de notre enfance nécessite la construction de nouvelles formes de solidarités de villages, complémentaires à une intercommunalité renforcée d’équipements et de services. Notre modèle social est fortement questionné depuis plusieurs années, avec des sujets allant de la critique d’une certaine forme d’assistanat à la dénonciation de trop grandes inégalités de traitement social ou d’accès aux services publics sociaux. Il n’est donc pas facile de s’y retrouver et le mouvement des “gilets jaunes” le réinterroge aussi avec des questionnements bruts et souvent tranchés. Il nous semble aussi que le monde rural est particulièrement bien profilé pour inventer de nouvelles formes de solidarités, car les liens de proximité entre les habitants y sont un peu plus visibles qu’ailleurs.

Depuis une trentaine d’années, la société – pas seulement rurale – vit une transformation de grande ampleur avec une rapidité inédite. Cette transformation globale touche des pans entiers de la vie quotidienne des Français : le rapport au travail, le rapport à l’âge (et au grand âge), le rapport à l’instruction et à l’information, le rapport à la famille, donc finalement le rapport à l’autre. Comme le décrit très bien Jean-Louis Sanchez en 2016 dans ses travaux au sein de l’observatoire national de l’action sociale, “la question sociale se caractérise aujourd’hui non seulement par une expansion de la vulnérabilité économique (chômage de masse, précarité de l’emploi) mais aussi par le développement d’une vulnérabilité relationnelle (fragilité des liens sociaux et repli sur soi) et d'une vulnérabilité identitaire (déficit de repères partagés par tous)".

Nous avons abondamment abordé ces sujets en les identifiant au sein des quatre grandes pathologies dont souffre le monde rural. Ces différents processus de vulnérabilité ont fragilisé, ou davantage mis en lumière la fragilité, d'un certain nombre de nos concitoyens : enfants en danger, personnes âgées, personnes handicapées, chômeurs… En milieu rural, il y a une trentaine d'années, ils étaient présents au sein du tissu familial ou villageois mais moins visibles et leur avenir était plus bouché. C'est la raison pour laquelle le législateur s'est efforcé de répondre à ces besoins sociaux par des dispositifs de plus en plus ciblés (allocation personnalisée d'autonomie, revenu de solidarité active, informations préoccupantes pour l'enfance en danger, prestation de compensation du handicap…). Les départements connaissent parfaitement ces dispositifs qui ont considérablement amélioré la prise en charge de ces publics. Il faut le dire et le rappeler sans cesse.

Toutefois, cette effervescence réglementaire et le primat de l'allocation financière sur l'accompagnement humain peuvent donner **le sentiment que la demande sociale explose et que, si de nombreux problèmes matériels ont été résolus avec ces dispositifs, les difficultés d'intégration sociale, notamment collectives, ont davantage bégayé**… Fort de ces constats, est apparue ces dernières années, notamment au sein des départements en charge des solidarités sociales, **une réflexion relative au développement social local** qui vise à refonder les modes d'intervention sociale. Cette réflexion propose de "consolider la solidarité des droits par le développement d'une citoyenneté active et la revitalisation des solidarités naturelles (familiales et de voisinage). Ce qui passe par le développement d'initiatives (culturelles, éducatives, sportives, festives…) aptes à impliquer tous les acteurs locaux, dans une logique d'intégration des populations fragilisées" (J.-L. Sanchez, 2016). Ce n'est donc pas un nouveau dispositif mais davantage une nouvelle conception de l'action sociale, un état d'esprit qui appréhende les populations non pas à travers leurs difficultés mais aussi selon et avec leurs potentiels.

Dans ce concept de "développement social local", **il y a le mot "local" qui témoigne d'un mode d'action du même type que celui que nous avons mis en œuvre au niveau de l'emploi, des usages numériques et de la santé. Il donne le bon niveau d'échelle pour agir en s'appuyant sur l'ensemble des forces vives d'un territoire pour renforcer la cohésion et développer une approche globale des individus et une vision plus transversale des interventions en leur direction.** Dès lors, une réponse sociale spécifique à chaque territoire devient possible permettant de nouer des partenariats, de mener des expérimentations. C'est aussi et enfin la reconnaissance d'une dimension stratégique de l'action sociale, de son rôle d'impulsion et de médiation. Pour les acteurs sociaux traditionnels, cette nouvelle approche de travail nécessite de s'engager dans une évolution forte pour passer d'une logique de métier à une logique de mission, pour une prise en charge globale des usagers et non plus uniquement partielle. Le département des Hautes-Pyrénées a été un des premiers départements à se lancer fin 2015 dans l'élaboration d'un schéma de développement social local sur ces bases, depuis que la loi du 27 janvier 2014 le permet, et surtout qu'un épisode de "crues" dans le département en 2013 a fait prendre conscience du besoin d'une mobilisation collective, solidaire et globale.

Nous proposons donc sur la base de cette approche du développement social local et sa déclinaison possible en schéma départementaux, deux dispositions concrètes pour le monde rural :

- 1re disposition : **construire une armature départementale de centres intercommunaux d'action sociale (CIAS*)** en lien avec les stratégies d'implantations des antennes sociales des départements et surtout avec une acceptation souple du CIAS permettant aux communes de s'organiser comme elles l'entendent et non pas uniquement autour d'un seul CIAS, mais plutôt de plusieurs au sein d'une communauté de communes. L'idée n'est pas de supprimer les centres communaux d'action sociale existants (CCAS) mais de les recentrer sur quelques actions opérationnelles (repas et colis annuels pour les anciens...) qui s'imbriqueraient intelligemment avec le bouquet de compétences sur mesure et progressif du CIAS – l'exemple de la commune de Lavoncourt en Haute-Saône, qui a su fédérer les démarches sociales de la population et des élus d'une dizaine de petites communes, est un excellent exemple de ce qui peut être fait et donne des résultats très satisfaisants.

- 2e disposition : **développer une démarche de "retour sociétal local" dans les collectivités rurales afin d'approfondir leurs modes d'action et consolider leurs liens avec les forces vives locales qu'elles mobilisent dans leurs démarches de développement social local.** On pourrait s'inspirer des approches d'achats responsables et des démarches du type "BIOM attitude" qui consiste à mobiliser un indicateur qui mesure ce qu'une entreprise ou un organisme reverse à son territoire sous forme d'emplois, de formation, de fiscalité (financement des services publics), de dépenses pour la biodiversité locale... Par exemple, le département des Hautes-Pyrénées, dans le cadre de sa démarche de "développement social local", a évalué à 88 % la part de ses dépenses qui revient sur son territoire. Cela permet de communiquer avec les habitants, d'adapter par des critères construits, donc légaux, ses procédures de marchés publics et de stimuler aussi les acteurs locaux dans l'offre qu'ils peuvent construire pour répondre aux besoins du département.

Ce train de 11 mesures témoigne de notre confiance et de la primauté de l'approche humaine sur des considérations administratives, techniques, ou purement financières, certes importantes, mais pas suffisantes pour relever les défis sociétaux du monde rural.

CONCLUSION GÉNÉRALE

Cet essai se veut une contribution modeste issue d'un long travail au plus près du terrain. Il se base également sur des sources universitaires et théoriques étayées qui permettent d'objectiver les débats et généraliser nos expériences pratiques. Il cherche à surtout n'éluder aucun point du diagnostic de santé et se veut volontariste et courageux à travers les premières mesures d'évolutions proposées.

Il n'en demeure pas moins que le combat pour sauver la ruralité en danger ne fait que commencer et trois défis se posent avec force.

Comment **fédérer davantage les acteurs de la ruralité** pour se faire entendre et peser aux niveaux national et européen? Par nature, ils sont disséminés sur tout le territoire et la ruralité est multiple. C'est donc très compliqué de bâtir des mouvements influents sur la base d'un dénominateur d'intérêts communs. Et pourtant, ce combat doit être porté et incarné par des collectifs puissants.

Comment **impliquer davantage dans ces démarches les citoyens** qui ont un désir de ruralité sans forcément accepter et percevoir les évolutions? Leurs représentations entretiennent trop souvent une forme de nostalgie et une tendance au conservatisme qui peuvent s'avérer mortifères pour la ruralité, qui ne se résume pas uniquement aux images annuelles du salon de l'agriculture! Le risque de ne rien changer à ces images d'Épinal est que la ruralité se délite et disparaisse purement et simplement!

Comment travailler positivement et non de manière défensive **sur l'identité du monde rural ?** Ses savoir-faire parfois ancestraux doivent se marier avec les process modernes et les avancées technologiques. L'identité doit être construite collectivement et non individuellement. La ruralité doit développer une posture accueillante vis-à-vis de l'extérieur… bien loin d'un quelconque repli sur soi fustigeant l'étranger !

BIBLIOGRAPHIE

ALPE Y. et FAUGUET J.-L., *Sociologie de l'école rurale*, L'Harmattan, 2008.

ARRIGHI J.-J., "Les jeunes dans l'espace rural : une entrée précoce sur le marché du travail ou une migration probable", *Formation – Emploi* n° 87, 2004.

AUBELLE V., *Osons la décentralisation !*, Berger-Levrault, Paris, 2014.

BPCE, *Collectivités territoriales : l'investissement public local est-il en risque ?*, Rapport d'analyse, 2018.

BARGES E. et PECH T., *Que peut le numérique pour les territoires isolés ?*, Rapport Terra-nova, 2018.

BELOT C., GOURAULT J., KRATTINGER Y., *Faire confiance à l'intelligence territoriale*, Rapport du Sénat n° 471, 2009.

BIERY F., *Les Départements au cœur des politiques de retour à l'emploi*, Rapport d'étude de l'Assemblée des départements de France, 2019.

CADIOU S., *Le pouvoir local en France*, Presses Universitaires de Grenoble, 2009.

CGET & France Stratégie, *Étude des dynamiques de l'emploi dans les métropoles et les territoires avoisinants*, 2018.

CGET, Regards sur les territoires, *Rapport annuel de l'observatoire des territoires*, 2018.

CHAVRIER G., "L'expérimentation est une démarche gagnant-gagnant tant pour les collectivités que pour l'État", *Acteurs publics*, 20 avril 2018.

CHARMES E., *La revanche des villages : essai sur la France périurbaine*, Seuil, La République des idées, Paris, 2019.

COHEN D., *Trois leçons sur la société postindustrielle,* Seuil, Paris, 2006.

COQUARD B., “Des familles au tribunal: séparations conjugales et reproduction sociale des inégalités de sexe et de classe”, *Mouvements n° 82*, 2015.

COUSSEDIÈRE V., *Éloge du populisme*, Elya éditions, 2012.

DAVEZIES L., *La République et ses territoires: la circulation invisible des richesses,* Seuil, La République des idées, Paris, 2008.

DAVEZIES L., *La crise qui vient: la nouvelle fracture territoriale,* Seuil, La République des idées, Paris, 2012.

DAVEZIES L., *Le nouvel égoïsme territorial: le grand malaise des nations,* Seuil, La République des idées, Paris, 2015.

DIRY J.-P., *L'évolution récente des populations des moyennes montagnes*, rapport pour la DATAR, 1992.

DUBY G. et WALLON A., *Histoire de la France rurale. Tome I: La formation des campagnes françaises, des origines au XIVe siècle*, Seuil, Paris, 1975.

DUMONT G.-F., “Un meurtre géographique: la France rurale”, *Population & Avenir n° 707*, 2012.

DUPIN E., *Voyages en France, la fatigue de la modernité*, Seuil, Paris, 2011.

DURANTHON A., *L'institution départementale à l'heure métropolitaine: quelles perspectives?*, Étude pour l'Assemblée des Départements de France, 2018.

ESTEBE P., *L'égalité des territoires, une passion française*, PUF, 2015.

Familles Rurales, *Territoires ruraux: perceptions et réalités de vie,* Rapport d'étude, 2018.

GODET M., DURANCE P. et MOUSLI M., “Créativité et innovation dans les territoires”, *Rapport CAE n° 92, Documentation française*, 2010.

GRAVIER J.-F., *Paris et le désert français,* Le Portulan, 1947.

GRELET Y. et VIVENT C., “La course d'orientation des jeunes ruraux”, *CEREQ Bref n° 292*, 2011.

GRISON J.-B., *Les très petites communes en France: héritage sans avenir ou modèle original?*, Éditions de l'université Blaise Pascal, collection Ceramac, Clermont-Ferrand, 2012.

GUILLUY C., *Fractures françaises*, Flammarion, Paris, 2013.

GUILLUY C., *La France périphérique: comment on a sacrifié les classes populaires*, Flammarion, Paris, 2014.

GUILLUY C., *Le Crépuscule de la France d'en haut*, Flammarion, Paris, 2016.

GUILLUY C., *No Society. La fin de la classe moyenne occidentale*, Flammarion, Paris, 2018.

INSEE, *Recensement de la population 2018*, Dossier de Presse, 2019.

INSEE, "Les zonages d'étude de l'Insee: une histoire des zonages supra-communaux définis à des fins statistiques", *Note méthodologique n° 129*, 2015.

INSEE, "La population des régions en 2040", *INSEE Première n° 1326*, 2010.

Institut Médiascopie, *Les mots des nouvelles ruralités*, 2014.

KOPP R., "Le village français: mythe identitaire?", *La revue des deux mondes*, 2014.

LAURENT P., "Quel avenir pour les communes: Passer progressivement à 10000", *La Gazette des communes*, 4 novembre 2015.

LE BRAS H. et TODD E., *Le mystère français*, Seuil, La République des idées, 2013.

LECERF J.-R., "Métropoles: les départements ne veulent pas être des collectivités de second rang", *La Gazette des communes*, 18 novembre 2018.

LEGOFF J.-P., *La fin du village. Une histoire française*, Gallimard, coll. "Folio Histoire", Paris, 2017.

REY-LEFEBVRE I., "Le village, un fantasme français", *Le Monde*, 25 novembre 2016.

BLAMPAIN C., "La fusion des communes rurales prépare une nouvelle fracture territoriale", *Le Monde*, 11 janvier 2016.

LEVY J., *Réinventer la France, Trente cartes pour une nouvelle géographie*, FAYARD, Paris, 2013.

MANENT P., *La loi naturelle et les droits de l'homme*, PUF, Paris, 2018.

MATHIEU N., *Les relations villes/campagnes. Histoire d'une question politique et scientifique*, L'Harmattan ("Logiques sociales"), Paris, 2017.

MUSGRAVE R. et P., *The Theory of Public Finance*, 1959.

ORANGE S., "Un petit supérieur. Pratiques d'orientation en Sections de Techniciens Supérieurs", *Revue Française de Pédagogie n° 167*, 2009.

RAFFARIN J.-P. et KRATTINGER Y., "Des territoires responsables pour une République efficace", *Rapport du Sénat n° 49*, 2013.

RENAHY N., *Les gars du coin. Enquête sur une jeunesse rurale*, La Découverte, 2005.

SANCHEZ J.-L., *Se former au développement social local*, Dunod, Paris, 2008.

SEN A., *Repenser l'inégalité*, Points économie, 2012.

TOMMASI G., "La gentrification rurale, un regard critique sur les évolutions des campagnes françaises", *Géoconfluences*, avril 2018.

TURGAULT Y., "*Les campagnes et leurs villes*", *Population – 53e année, n° 4*, 1998.

VERDIER-MOLINIER A., "Quel avenir pour les communes : pour 5000 super-communes", *La Gazette des communes*, 19 novembre 2015.

VIARD J., *Redessiner la France, essai pour un nouveau pacte territorial*, Fondation Jean-Jaurès, Paris, 2018.

GLOSSAIRE

ADEME : agence de l'environnement et de la maîtrise de l'énergie. Établissement public à caractère industriel et commercial (EPIC) créé en 1991. Il est placé sous la tutelle des ministères chargés de la Recherche et de l'Innovation, de la Transition écologique et solidaire, de l'Enseignement supérieur. L'ADEME suscite, anime, coordonne, facilite ou réalise des opérations de protection de l'environnement et de maîtrise de l'énergie.

ADS : application du droit des sols pour délivrer les autorisations d'urbanisme, les permis de construire, etc.

Agents publics de catégories A, B et C : il existe dans la fonction publique 3 catégories d'emplois (A, B et C), auxquelles correspondent un niveau hiérarchique et une échelle de rémunération. C'est le niveau de diplôme requis pour accéder aux concours externes d'accès à ces emplois qui détermine leur catégorie.

Agrilocal : plate-forme de mise en relation directe entre producteurs locaux et acheteurs publics qui ont une mission de restauration collective (établissements scolaires, hôpitaux, maisons de retraite, etc.). Initiée en 2012, la démarche concerne aujourd'hui 34 départements. Le département de la Haute-Saône est adhérent et utilise cet outil.

AMII (zone) : appel à manifestation d'intention d'investissement. C'est une zone du territoire dans laquelle un ou plusieurs opérateurs privés ont manifesté leur intérêt pour déployer un réseau en fibre optique FTTH. En conséquence, les collectivités n'ont pas à subventionner le déploiement dans le très haut débit et peuvent se concentrer sur les zones qui ne sont pas rentables économiquement pour les opérateurs.

ANAH: Agence nationale pour l'amélioration de l'habitat. Établissement public placé sous la tutelle des ministères en charge de la Cohésion des territoires et des Relations avec les collectivités territoriales, de l'Action et des Comptes publics et du ministère de l'Économie et des Finances. Depuis près de 50 ans, elle cherche à améliorer l'état du parc de logements privés existants.

ARCEP: autorité de régulation des communications électroniques et des postes. Autorité administrative indépendante (AAI) pour les réseaux d'échanges internet, fixes, mobiles et postaux.

ARS: agence régionale de santé. Établissement public administratif de l'État créé au 1er avril 2010, chargé de la mise en œuvre de la politique de santé au sein de chaque région.

Balance commerciale: solde entre les valeurs des exportations et celles des importations de biens et de services. Une balance commerciale positive signifie que le pays, la région ou le département exporte plus de biens et services qu'il n'en importe: on parle alors d'"excédent commercial" ou de "balance excédentaire".

CCAC/CIAS: centre communal d'action sociale ou centre intercommunal d'action sociale. Organisme communal ou intercommunal différent de la mairie ou de la communauté de communes, dont le rôle est d'animer l'action sociale dans la commune ou la communauté de communes. Il effectue de nombreuses actions vers les parties de la population entrant dans son domaine d'intervention (aides légales et facultatives, aides aux personnes âgées, aides aux familles en difficulté…).

CDCI: commission départementale de coopération intercommunale. Elle réunit des élus locaux sous l'égide du préfet de département. Elle peut formuler **toute proposition tendant à renforcer la coopération intercommunale** : fusion, adhésion…

CEREMA : Centre d'études et d'expertise sur les risques, l'environnement, la mobilité et l'aménagement. Établissement public à caractère administratif créé le 1er janvier 2014, placé sous la tutelle conjointe du ministre de la Transition écologique et solidaire, et du ministre de la Cohésion des territoires.

CGET : Commissariat général à l'égalité des territoires. Service d'administration centrale créé le 31 mars 2014. Il résulte de la fusion de trois entités : la délégation interministérielle à l'aménagement du territoire et à l'attractivité régionale (DATAR), le secrétariat général du comité interministériel des villes (SG-CIV) et l'agence nationale pour la cohésion sociale et l'égalité des chances (ACSé). Depuis le 1er janvier 2018, le CGET est rattaché administrativement au ministre chargé de l'Aménagement du territoire et de la ville. Jusqu'à présent et depuis sa création en mars 2014, il était rattaché au Premier ministre.

CNEN : Conseil national d'évaluation des normes. Autorité administrative indépendante créée en 2013. Elle remplace la commission consultative d'évaluation des normes (CCEN) mise en place en 2007. Elle est chargée d'émettre un avis sur l'impact financier des mesures réglementaires créant ou modifiant des normes à caractère obligatoire qui concernent les collectivités territoriales et leurs établissements, ainsi que sur l'impact technique et financier des propositions de textes communautaires sur les collectivités territoriales et leurs établissements.

Commune associée : statut institué en 1971 (loi Marcellin), qui permet à des communes supprimées lors d'une fusion de conserver quelques particularités : un maire délégué, officier d'état civil et officier de police judiciaire, et susceptible de recevoir certaines délégations du maire ; une mairie annexe, qui est notamment responsable des actes d'état-civil; une section du centre communal d'action sociale; une section électorale.

Commune nouvelle: commune issue de la fusion de plusieurs communes précédentes. Le statut de commune nouvelle a été créé en 2010.

Compétence générale: la clause générale de compétence (CGC) traduit juridiquement la capacité d'initiative d'une collectivité territoriale dans un domaine de compétences au-delà de celles qui lui sont attribuées de plein droit, sur le fondement de son intérêt territorial en la matière.

DETR: dotation d'équipement des territoires ruraux. Subvention de l'État pour un projet d'investissement porté par certaines communes ou communautés de communes. Elle a été créée en 2011 avec des critères de population (moins de 2000 habitants) et de potentiel financier par habitant.

DGCL: direction générale des collectivités locales. Administration centrale créée en 1960, longtemps rattachée au ministère de l'Intérieur, chargée des collectivités locales. Après le renforcement du ministère de la Cohésion des territoires en octobre 2018, la DGCL dispose d'un large spectre de compétences (attributions des concours financiers de l'État, personnels territoriaux et élus…), mais le ministre de l'Intérieur conserve dans son giron l'organisation des élections, la tutelle des préfets et le contrôle de la légalité sur les actes des collectivités locales.

DGF: dotation générale de fonctionnement. Elle constitue la principale dotation de fonctionnement de l'État aux collectivités territoriales. Il convient de parler "des DGF" car au total, elle comporte 12 dotations (4 pour les communes, 2 pour les EPCI, 4 pour les départements et 2 pour les régions) qui se déclinent elles-mêmes en plusieurs parts ou fractions. Chaque catégorie de collectivité peut être divisée en deux parts : la part forfaitaire qui correspond à un tronc commun perçu par toutes les collectivités bénéficiaires et la part péréquation dont les composantes sont reversées aux collectivités les plus défavorisées.

DMTO : droits de mutation à titre onéreux. Ils comprennent les droits d'enregistrement et la taxe de publicité foncière qui sont dus à l'occasion d'une "mutation", c'est-à-dire lorsqu'un bien change de propriétaire. Ce transfert de propriété peut se faire à titre gratuit (sans transfert d'argent), lors d'une donation ou d'une succession.

EPCI : établissement public de coopération intercommunale. Structure administrative regroupant plusieurs communes afin d'exercer certaines de leurs compétences en commun.

EUROSTAT : direction générale de la Commission européenne chargée de l'information statistique à l'échelle communautaire. Elle a pour rôle de produire les statistiques officielles de l'Union européenne, principalement en collectant, harmonisant et agrégeant les données publiées par les instituts nationaux de statistiques des pays membres de l'Union européenne, des pays candidats à l'adhésion et des pays de l'Association européenne de libre-échange.

FPIC : Fonds national de péréquation des ressources intercommunales et communales. Mis en place en 2012, il constitue le premier mécanisme national de péréquation horizontale pour le secteur communal.

FTTH : de l'anglais *Fiber To The Home* qui signifie "Fibre optique jusqu'au domicile". Réseau physique de télécommunications qui permet notamment l'accès à internet à très haut débit et dans lequel la fibre optique se termine au domicile de l'abonné.

HCEAC : Haut Conseil de l'éducation artistique et culturelle. Cette instance créée en 2005 a pour mission d'assurer la promotion des arts à l'école.

IDH : indicateur de développement humain. Indice statistique composite pour évaluer le taux de développement humain des pays du monde. Il se fonde sur trois critères : le PIB par habitant, l'espérance de vie à la naissance et le niveau d'éducation des enfants de 17 ans et plus.

INSEE : Institut national de la statistique et des études économiques. Il constitue une direction générale du ministère chargé des Finances. Il dispose d'une indépendance de fait vis-à-vis du Gouvernement, désormais garantie en droit par la loi. Il est chargé de la production, de l'analyse et de la publication des statistiques officielles en France : comptabilité nationale annuelle et trimestrielle, évaluation de la démographie nationale, du taux de chômage, etc.

Loi NOTRe : il s'agit de la loi n° 2015-991 du 7 août 2015 portant sur la nouvelle organisation territoriale de la République, mise en œuvre sous la présidence de François Hollande. Elle vise notamment à renforcer les compétences des régions et des établissements publics de coopération intercommunale.

MAP : modernisation de l'action publique. Elle succède à la RGPP menée de 2007 à 2012 sous la présidence de Nicolas Sarkozy. Elle consiste en une analyse des missions et actions de l'État, suivie de la mise en œuvre de scénarios de réformes structurelles. Visant à baisser les dépenses publiques et/ou l'amélioration des politiques publiques. Elle a été mise en œuvre sous la présidence de François Hollande.

Métropole (au sens statut juridique) : EPCI à fiscalité propre créé par la loi de réforme des collectivités territoriales de 2010 et dont le statut est remanié par la loi de modernisation de l'action publique territoriale et d'affirmation des métropoles (loi MAPTAM) de 2014 et la loi portant nouvelle organisation territoriale de la République (loi NOTRe) de 2015. Il s'agit de la forme la plus intégrée d'intercommunalité. Elle concerne des territoires de plus de 400 000 habitants qui sont soit situés dans une aire urbaine de plus de 650 000 habitants, soit chefs-lieux de région, soit au centre d'une zone d'emploi de plus de 400 000 habitants.

Mix technologique THD : il s'agit d'une approche pragmatique et réaliste de l'aménagement numérique du territoire qui consiste à proposer temporairement ou durablement en complément du FTTH (fibre optique jusqu'au domicile) d'autres technologies pour les sites les plus compliqués techniquement ou financièrement à desservir comme le satellite, la montée en débit par la technique VDSL 2 sur la paire de fils de cuivre du réseau téléphonique fixe ou encore l'internet mobile.

Mobilité résidentielle : elle désigne le changement de lieu de résidence d'un foyer. À ne pas confondre avec les déplacements domicile-travail qui s'effectuent quasiment toujours au quotidien.

MSAP : maison de services au public. Lieu labellisé par l'État, au sein duquel les habitants peuvent être accompagnés dans leurs démarches administratives : emploi, retraite, famille, social, santé, logement, énergie, accès au droit, etc. Les MSAP ont été créées en 2015.

OCDE : organisation de coopération et de développement économiques. Organisme international qui observe les échanges commerciaux entre pays. L'OCDE publie régulièrement, sous forme de rapports, des recommandations sur la réglementation de ces échanges, mais aussi sur les politiques économiques (fiscalité, investissements…), et la gouvernance (lutte contre la corruption, développement durable…).

Péréquation (mécanismes de), appliqués au secteur public : mécanisme de redistribution qui vise à réduire les écarts de richesse, et donc les inégalités, entre les différentes collectivités territoriales. La révision constitutionnelle du 28 mars 2003 a érigé la péréquation en objectif de valeur constitutionnelle. Deux mécanismes de péréquation peuvent être distingués : la péréquation horizontale, qui s'effectue entre collectivités et consiste à attribuer aux collectivités défavorisées une partie des ressources des collectivités les plus "riches", et la péréquation verticale, assurée par les dotations de l'État aux collectivités.

PLU/PLUI : plan local d'urbanisme ou Plan local d'urbanisme intercommunal. C'est le principal document de planification de l'urbanisme au niveau communal (PLU) ou intercommunal (PLUI). Il remplace le Plan d'occupation des sols (POS) depuis la loi relative à la solidarité et au renouvellement urbains du 13 décembre 2000, dite "loi SRU".

RGPP : révision générale des politiques publiques. Analyse des missions et actions de l'État et des collectivités, suivie de la mise en œuvre de scénarios de réformes structurelles, avec comme buts la réforme de l'État, la baisse des dépenses publiques et l'amélioration des politiques publiques. Elle a été mise en œuvre sous la présidence de Nicolas Sarkozy.

RSA : revenu de solidarité active. Prestation sociale gérée par les départements, versée par les caisses d'allocations familiales (CAF) et la mutualité sociale agricole (MSA), destinée à garantir à ses bénéficiaires (2,5 millions de personnes en 2016), qu'ils aient ou non la capacité de travailler, un revenu minimum, avec en contrepartie une obligation de chercher un emploi ou de définir et suivre un projet professionnel visant à améliorer leur situation financière.

SCoT : schéma de cohérence territoriale. Document d'urbanisme qui détermine, à l'échelle de plusieurs communes ou groupements de communes, un projet de territoire visant à mettre en cohérence l'ensemble des politiques sectorielles notamment en matière d'habitat, de mobilité, d'aménagement commercial, d'environnement et de paysage.

SDDSL : schéma départemental de développement social local. La loi NOTRe de 2015 a précisé que les départements sont compétents pour mettre en œuvre toute aide ou action relative à la prévention ou la prise en charge des situations de fragilité, au développement social, à l'accueil des jeunes enfants et à l'autonomie des personnes. Dès lors les départements peuvent planifier leurs interventions sur ces champs au sein d'un schéma départemental de développement social local.

SDUN : schéma départemental des usages numériques. Ce schéma est créé par la loi pour une République numérique en 2016. Il permet aux Départements d'établir une stratégie de développement des usages et services numériques existants, d'identifier les zones qu'ils desservent et de présenter une stratégie de développement de ceux-ci, sur leur territoire. Cette stratégie, qui a une valeur indicative, vise à favoriser la cohérence des initiatives publiques et leur bonne articulation avec l'investissement privé, ainsi que la mise en place de ressources partagées et mutualisées afin de doter l'ensemble des territoires d'un maillage équilibré de services numériques.

SIG : système d'information géographique. Système d'information conçu pour recueillir, stocker, traiter, analyser, gérer et présenter tous les types de données spatiales et géographiques (cartes…).

Taux de pauvreté : il correspond à la proportion de la population qui vit avec un revenu disponible inférieur au seuil de pauvreté. Ce seuil de pauvreté correspond à un pourcentage du revenu médian national et est donc différent selon les pays.

Transfert de compétences (de l'État vers les collectivités territoriales) : dans le cadre de la décentralisation, un transfert des compétences administratives de l'État vers les collectivités territoriales s'opère progressivement suivant un long processus législatif. La décentralisation des compétences est consacrée dans la constitution, article 1er "l'organisation de la République est décentralisée". C'est ainsi que les collectivités territoriales disposent de pouvoirs transférées qui s'ajoutent à des pouvoirs propres dans le cadre de leur autonomie constitutionnelle consacrés également dans la constitution "article 72 sur la notion de libre administration" qu'elles peuvent exercer sous le contrôle de légalité de l'État et du Juge administratif.

Typologie des communes par l'INSEE : la typologie de l'INSEE compte trois catégories de communes. La première est l'aire urbaine. Il y a des grandes, moyennes et petites aires urbaines. Elles sont composées d'un pôle, ville concentrant au moins 1500 emplois, et le plus souvent d'une couronne. Ces aires englobent la moitié des communes et 85 % de la population y réside – et même 60 % de la population, soit 37,8 millions d'habitants, si l'on considère les pôles des grandes aires urbaines. En dehors des aires urbaines, la deuxième catégorie regroupe selon l'INSEE, 11 000 communes dites "multi-polarisées". C'est-à-dire qu'elles sont sous l'influence de plusieurs aires sans qu'aucune ne prédomine : 10 % de la population y réside. La troisième catégorie rassemble le reste, intitulé "communes isolées, hors influence des pôles". On y trouve 5 % de la population dans 7400 communes d'après l'INSEE.

Valeur locative : loyer annuel théorique que pourrait produire un immeuble bâti ou non bâti, s'il était loué dans des conditions normales. La valeur locative est utilisée pour calculer les taxes perçues au profit des collectivités territoriales : taxe d'habitation, contribution économique territoriale, taxe foncière sur les propriétés bâties ou non bâties (c'est-à-dire les exploitations agricoles). Elle est calculée par l'administration pour l'ensemble des immeubles. Chaque année, en janvier/février, l'État transmet aux collectivités territoriales le total des bases prévu pour chacune des quatre taxes afin que chaque collectivité puisse décider des taux d'imposition en fonction de ses besoins de financement.

ZRR: zone de revitalisation rurale. Ce zonage créé par l'État en 1995 regroupe un ensemble de communes reconnues comme fragiles et bénéficiant à ce titre d'aides d'ordre fiscal.

Éditions Atlande
F - 92200 Neuilly
www.Atlande.eu

Achevé d'imprimer sur les presses de la Sepec
à Peronnas (Ain) en octobre 2019.
Numéro d'impression : N10013191113
Dépôt légal septembre 2019.